Jugend debattiert

Tim Wagner, Ansgar Kemmann

Debattieren lernen

Arbeitsheft für Schülerinnen und Schüler

INHALT

Bibliografische Information der Deutschen Nationalbibliothek
Die Deutsche Nationalbibliothek verzeichnet diese Publikation
in der Deutschen Nationalbibliografie; detaillierte bibliografische
Daten sind im Internet über http://dnb.d-nb.de abrufbar.

Impressum

Tim Wagner, Ansgar Kemmann
Debattieren lernen
Arbeitsheft für Schülerinnen und Schüler

3. Auflage 2018

Fotos: Dieter Roosen
Illustrationen: Henning Parche
Druck: Zimmermann Druck + Verlag GmbH, Balve
Printed in Germany

ISBN: 978-3-7800-4849-3

Wenn bei Ausdrücken, die sich auf Personen beziehen, die männliche Sprachform verwendet wird, sind stets beide Geschlechter gemeint. Die Schreibweise der Texte folgt der reformierten Rechtschreibung.

EINFÜHRUNG

Lasst uns reden!

Wer gut reden kann, kann gemeinsam mit anderen viel bewegen. Ob in der Schule, in der Familie, unter Freunden oder im Verein: Wo Menschen gemeinsam überlegen, welche Lösung die beste ist, kommt es darauf an, dass jeder seinen Standpunkt gut einbringen und sich mit anderen austauschen kann.

Bei Jugend debattiert lernst du, wie du dabei sicher und überzeugend auftrittst. Die Übungen von Jugend debattiert helfen dir, deine Meinung zu sagen, Position zu beziehen, auf andere einzugehen und gemeinsam über interessante Themen nachzudenken. Jugend debattiert zeigt dir außerdem, wie wichtig es ist, politisch mitzureden. Deshalb setzt du dich bei Jugend debattiert auch mit Fragen auseinander, die viele Menschen in der Gesellschaft betreffen.

Jugend debattiert steht unter der Schirmherrschaft des Bundespräsidenten. Auf seine Initiative arbeiten Stiftungen, Ministerien und Parlamente bei Jugend debattiert zusammen: die Gemeinnützige Hertie-Stiftung, die Robert Bosch Stiftung, die Stiftung Mercator und die Heinz Nixdorf Stiftung gemeinsam mit den Kultusministerien, der Kultusministerkonferenz und den Parlamenten der Länder.

Jedes Jahr nehmen Schülerinnen und Schüler in ganz Deutschland an Jugend debattiert teil. Im Ausland gibt es Jugend debattiert für Schüler, die in der Schule Deutsch als Fremdsprache lernen – vor allem in Mittel- und Osteuropa, aber auch in Spanien und Portugal und sogar in China und Südamerika. Mehr dazu erfährst du im Internet unter www.jugend-debattiert.de und www.jugend-debattiert.eu.

Was du beim Debattieren lernst, wird dir in der Schule und außerhalb der Schule nützen: In Referaten, Abschlussprüfungen und Bewerbungsgesprächen hast du bessere Chancen, wenn du frei und überzeugend reden kannst. Mit den Übungen, die du in diesem Heft findest, kannst du dich auf unterschiedliche Aufgaben und Anlässe vorbereiten. Denn eine klare Gliederung, gute Formulierungen und überzeugende Argumente helfen dir in jeder Situation, deine Ideen auf den Punkt zu bringen und andere für sie zu gewinnen.

Dieses Arbeitsheft soll dich dabei unterstützen, debattieren zu lernen. Es enthält Erklärungen, Übungen und Beispieltexte zu allen Teilen der Debatte. Viele Seiten kannst du auch allein bearbeiten. Am meisten lernst du, wenn du gemeinsam mit deinen Mitschülerinnen und Mitschülern trainierst. Wir hoffen, dass das Arbeitsheft euch dazu einlädt, über die Themen zu debattieren, die ihr interessant und wichtig findet.

Wir wünschen euch viel Erfolg und spannende Debatten!

DEBATTIEREN PROBIEREN

Was ist eine Debatte?

Eine Debatte ist ein Gespräch nach Regeln. Das Thema einer Debatte ist eine Frage, die man mit ‚Ja' oder ‚Nein' beantworten kann und zu der unterschiedliche Positionen vertreten werden. In diesem Kapitel lernst du, wie man gute Themen findet und wie man eine einfache Debatte führt.

Ein Gespräch nach Regeln

Ob Fußball, Tennis oder Basketball – für alle Sportarten gelten bestimmte Regeln. Die Regeln legen den Rahmen fest, in dem sich das Spiel bewegt. Regeln gibt es nicht nur im Sport oder im Straßenverkehr. Es gibt auch Gesprächsformen, für die feste Regeln gelten. Eine Debatte ist ein solches Gespräch nach Regeln. Die Regeln legen auch hier den Rahmen fest, in dem sich das Gespräch bewegt.

Die meisten Menschen denken beim Stichwort ‚Debatte' an das Parlament. Im Parlament debattieren die Abgeordneten über politische Fragen, zum Beispiel darüber, ob ein neues Gesetz eingeführt werden soll. Dabei ist es wichtig, dass beide Seiten zu Wort kommen, bevor eine Entscheidung getroffen wird.

Debattiert wird jedoch auch anderswo, nämlich überall, wo für eine Gruppe eine Entscheidung ansteht und sich die Frage stellt: „Ja oder nein? Sollen wir oder sollen wir nicht?". Debatten entstehen daher ganz von selbst: in der Familie und im Verein, in der Stadt und in der Schule – etwa, wenn ihr ein Schulfest plant oder euch über das Ziel der nächsten Klassenfahrt verständigt.

Wenn alle einer Meinung sind, muss man nicht lange debattieren. Interessant wird es, wenn zu einem Thema unterschiedliche Positionen vertreten werden. Solche Themen nennt man auch ‚kontroverse Themen'. Das Wort ‚kontrovers' bedeutet: Es gibt entgegengesetzte Meinungen dazu. Die Regeln einer Debatte sorgen dafür, dass alle Beteiligten die gleiche Chance erhalten, ihre Position vorzutragen, zu erklären und zu begründen.

Welche Themen eignen sich gut für eine Debatte?

Grundsätzlich kann man über jedes Thema debattieren, zu dem es entgegengesetzte Meinungen gibt. Am besten geeignet sind Fragen, die mit dem Wort ‚Soll' beginnen. Bei solchen Fragen muss man sich für eine von zwei Möglichkeiten entscheiden. Man kann sie mit ‚Ja' oder ‚Nein' beantworten.

Wenn zum Beispiel gefragt wird: „Sollen in unserem Klassenraum neue Poster aufgehängt werden?", dann kann man diese Frage mit ‚Ja' beantworten, wenn man für neue Poster ist, und mit ‚Nein', wenn man dagegen ist. Wer dafür ist, steht in der Debatte auf der ‚Pro-Seite', wer dagegen ist, steht auf der ‚Contra-Seite'.

In einer Debatte spricht sich die Pro-Seite dafür aus, etwas zu verändern. Am besten geeignet sind Themen, bei denen genau geklärt werden kann, worin die geplante Veränderung besteht. Es ist also besser zu fragen: „Soll der Unterricht erst um 9 Uhr beginnen?", als sehr allgemein darüber zu reden, ob man etwas dafür tun sollte, dass die Schüler morgens nicht immer so müde sind.

Wenn das, was die Pro-Seite vorschlägt, umgesetzt wird, ändert sich etwas. Diese Veränderung hat Folgen für viele Menschen, zum Beispiel für alle Schüler, Lehrer und Eltern oder für alle Bürgerinnen und Bürger eines Landes oder einer Staatengemeinschaft. Man kann daher auch sagen, dass es in Debatten immer um Themen ‚von allgemeinem Interesse' oder um ‚politische' Themen geht.

Gute Debattenthemen

- Sollen in unserem Klassenraum neue Poster aufgehängt werden?
- Soll der Unterricht erst um 9 Uhr beginnen?
- Soll an unserer Schule eine einheitliche Schulkleidung eingeführt werden?

- Sollen Klassenräume in großen Pausen geöffnet bleiben?
- Sollen Schüler ihre Schule selber putzen?
- Soll in der Schulkantine ein vegetarischer Tag pro Woche eingeführt werden?
- Sollen alle Schüler in der Schule ein kostenloses Mittagessen bekommen?

- Soll als erste Fremdsprache eine andere als Englisch unterrichtet werden?
- Sollen Lehrer von ihren Schülern bewertet werden?
- Sollen Mobiltelefone in der Schule verboten werden?
- Sollen Jungen und Mädchen getrennt voneinander unterrichtet werden?
- Soll das Studium an Hochschulen grundsätzlich gebührenfrei sein?

- Sollen öffentliche Plätze videoüberwacht werden?
- Sollen weiche Drogen legalisiert werden?
- Soll man den Auto-Führerschein schon mit 16 Jahren erwerben dürfen?

- Soll industrielle Massentierhaltung verboten werden?
- Soll Organentnahme nur bei Widerspruch ausgeschlossen sein?
- Sollen extremistische Parteien verboten werden?
- Sollen innerhalb der Europäischen Union wieder Grenzkontrollen durchgeführt werden?

Welche Themen findest du besonders spannend? Um ein gutes Debattenthema zu finden, kannst du dich gemeinsam mit deinen Mitschülern fragen, worüber ihr euch besonders ärgert oder Sorgen macht und wie man dieses Problem lösen könnte.

- Soll / Sollen ....
- Soll / Sollen ....
- Soll / Sollen ....

ÜBUNG

Mikrodebatte

In diesem Abschnitt lernst du, wie eine Debatte abläuft. Wir beginnen mit einer ‚Mikrodebatte', die alle Elemente einer Debatte nach den Regeln von Jugend debattiert enthält. Am Ende des Kapitels kannst du dich bereits selbst an einer solchen Mikrodebatte beteiligen.

Eine Mikrodebatte dauert 4 bis 6 Minuten (4 x 3 Sätze am Anfang, 3 Minuten Freie Aussprache, 4 x 3 Sätze am Schluss)

Die drei Teile der Debatte

Vier Personen debattieren bei Jugend debattiert miteinander: Zwei stehen auf der Pro-Seite, zwei auf der Contra-Seite. Wer auf welcher Seite debattiert, kann ausgelost oder auf andere Weise festgelegt werden. Dabei kommt es vor, dass man in der Debatte eine Position vertreten muss, die nicht der eigenen Meinung entspricht.

Die Debatte hat drei Teile. Am Anfang sagt jeder, welche Position er vertritt und wie er sie begründet. Diesen Teil der Debatte nennt man ‚Eröffnungsrunde', den ersten Beitrag jedes Debattanten nennt man ‚Eröffnungsrede'. Die Pro-Seite und die Contra-Seite wechseln sich ab. Eine Rednerin oder ein Redner der Pro-Seite beginnt.

Nach der Eröffnungsrunde haben die vier Debattanten Gelegenheit, sich frei über das Thema auszutauschen. Diesen Teil der Debatte nennt man ‚Freie Aussprache'. In der Freien Aussprache ist die Reihenfolge der Redner nicht festgelegt.

Der dritte Teil der Debatte heißt ‚Schlussrunde'. In der Schlussrunde sagt jeder Debattant noch einmal, welche Position er hat und wie er sie jetzt begründet. Diesen letzten Beitrag jeder Debattantin und jedes Debattanten nennt man ‚Schlussrede'. Die vier Redner sprechen in derselben Reihenfolge wie in der Eröffnungsrunde.

Mikrodebatte

Eine Mikrodebatte ist eine Debatte in kleinster Form. Eröffnungsrede und Schlussrede bestehen nur aus drei Sätzen. Für die Freie Aussprache ist nur festgelegt, dass sie insgesamt 3 Minuten dauert. Damit in diesen drei Minuten jeder Debattant zu Wort kommt, sollten die Beiträge möglichst kurz sein.

- Eröffnungsrunde (3 Sätze)
- Freie Aussprache (3 Minuten)
- Schlussrunde (3 Sätze)

In einer Debatte sitzen sich Pro und Contra gegenüber. Vom Publikum aus gesehen sitzen die Pro-Redner links und die Contra-Redner rechts. Am Anfang der Debatte wird mit der Glocke ein Zeichen gegeben. („Die Debatte ist eröffnet.") Wenn die Zeit der Freien Aussprache vorüber ist, zeigt ein Glockenzeichen an, dass nun die Schlussrunde beginnt.

Struktur der Eröffnungsrede

In einer Mikrodebatte haben alle vier Eröffnungsreden dieselbe Struktur: Frage – Grund – Antwort. Die Frage ist für alle vier Debattanten gleich. Die beiden Pro-Redner beantworten sie positiv, die beiden Contra-Redner beantworten sie negativ.

- Frage „Soll ... ?“ „Soll ... ?“
- Grund „Dafür spricht: ... .“ „Dagegen spricht: ... .“
- Antwort „Deshalb soll ... .“ „Deshalb soll ... nicht ... .“

Probiere es einmal aus: Wie könnte man zu einer Frage aus der Themenliste eine Eröffnungsrede formulieren? Schreibe die Frage jeweils in die erste Zeile. Wenn du den Wortlaut der Frage hinter den Satzanfang „Deshalb soll“ schreibst und das Fragezeichen durch einen Punkt oder ein Ausrufungszeichen ersetzt, hast du bereits die Antwort formuliert. Diese Antwort nennt man auch ‚Zielsatz‘, weil er das Ziel deiner Rede ist. Was spricht dafür? Notiere den Grund in einem Satz.

Soll / Sollen ....

Dafür spricht: ....

Deshalb soll / sollen ....

Für die Contra-Rede kannst du genauso verfahren. Allerdings musst du beim Antwort-Satz darauf achten, das Wort „nicht“ an die richtige Stelle zu setzen. Was spricht gegen den Vorschlag? Notiere einen Grund für die Contra-Seite zwischen Frage und Antwort.

Soll / Sollen ....

Dagegen spricht: ....

Deshalb soll / sollen .... nicht ....

Struktur der Schlussrede

Die Schlussreden haben ebenfalls alle dieselbe Struktur: Frage – Grund – Antwort. In der Schlussrunde sollte jeder Redner den Grund nennen, der für ihn am wichtigsten ist. Das kann derselbe Grund sein, den er in der Eröffnungsrede genannt hat, oder ein anderer Grund, den er oder ein anderer Redner in der Freien Aussprache genannt hat.

- Frage „Soll ... ?“
- Grund „Der wichtigste Grund war für mich: ... .“
- Antwort „Deshalb soll ... .“ „Deshalb soll ... nicht ... .“

BEISPIELTEXT

Mikrodebatte

Eröffnungsrunde

- *[Pro 1] Soll an unserer Schule eine einheitliche Schulkleidung eingeführt werden? Dafür spricht, dass dann niemand mehr Angst haben muss, wegen seiner Kleidung gehänselt zu werden. Deshalb soll an unserer Schule eine einheitliche Schulkleidung eingeführt werden.*

- *[Contra 1] Soll an unserer Schule eine einheitliche Schulkleidung eingeführt werden? Dagegen spricht, dass viele Schüler sich nicht vorschreiben lassen möchten, was sie anziehen sollen. Deshalb bin ich dagegen, dass an unserer Schule eine einheitliche Schulkleidung eingeführt wird.*

- *[Pro 2] Wir stellen uns die Frage, ob an unserer Schule eine einheitliche Schulkleidung eingeführt werden soll. Dafür spricht, dass wir uns dann alle als Teil einer Gemeinschaft fühlen und nach außen darstellen würden. Deshalb bin ich für die Einführung einer einheitlichen Schulkleidung.*

- *[Contra 2] Soll an unserer Schule eine einheitliche Schulkleidung eingeführt werden? Dagegen spricht, dass wir uns damit von anderen Schulen abgrenzen und eingebildet wirken würden. Deshalb soll an unserer Schule keine einheitliche Schulkleidung eingeführt werden.*

Freie Aussprache

- *[Pro 1] Ich finde nicht, dass man eingebildet wirkt, wenn man eine einheitliche Kleidung trägt. In Sportvereinen ist das doch auch kein Problem.*

- *[Contra 2] Sportvereine besucht man freiwillig, die Schule nicht. Ich möchte selbst entscheiden, was ich morgens anziehe.*

- *[Pro 2] Die Schulkleidung kann doch so gestaltet werden, dass man die Auswahl zwischen verschiedenen Kleidungsstücken hat und sie mit eigenen Sachen kombinieren kann.*

- *[Contra 1] Dann ist es aber nicht mehr besonders einheitlich. Und wenn es einheitlich geregelt sein soll, kann man nicht mehr frei entscheiden.*

- *[Pro 1] Wenn die Schulkleidung zum Beispiel aus einer blauen Jeans und einem schwarzen Polohemd mit dem Schul-Logo besteht, sieht das gut aus und niemand muss sich schämen, dass er keine Markenkleidung trägt.*

- *[Contra 2] Ich bin noch nie dafür gehänselt worden, dass ich keine Markensachen anhabe. Ich finde Logos auf Hemden immer peinlich, ob das nun ein Polospieler, ein Krokodil oder unser Schulwappen ist.*

- *[Pro2] Das ist doch ein Unterschied: Hemden mit Markenzeichen ziehen sich die Leute nur an, weil sie von der Werbung beeinflusst sind. Das Schul-Logo zeigt, zu welcher Gemeinschaft wir gehören.*

    - *[Contra 2] Kleidung ist ein sehr oberflächliches Mittel, um so etwas zu zeigen. Wir sollten uns lieber darum kümmern, dass in unserer Schule alle höflich und freundlich miteinander umgehen.*

Schlussrunde

- *[Pro 1] Wir haben uns gefragt: Soll an unserer Schule eine einheitliche Schulkleidung eingeführt werden? Der wichtigste Grund war für mich, dass der Stress mit der Markenkleidung dann ein Ende hätte. Deshalb bin ich dafür, dass an unserer Schule einheitliche Schulkleidung eingeführt wird.*

    - *[Contra 1] Soll an unserer Schule einheitliche Schulkleidung eingeführt werden? Für mich ist der wichtigste Grund dagegen, dass wir dann nicht mehr frei entscheiden könnten, wie wir aussehen möchten. Deshalb soll an unserer Schule keine einheitliche Schulkleidung eingeführt werden.*

- *[Pro 2] In unserer Debatte ging es um einheitliche Schulkleidung. Dafür spricht für mich vor allem, dass wir dann als Schulgemeinschaft auftreten würden. Deshalb soll an unserer Schule eine einheitliche Schulkleidung eingeführt werden.*

    - *[Contra 2] Wir haben über die Frage gesprochen, ob eine einheitliche Schulkleidung eingeführt werden soll. Der wichtigste Grund dagegen ist für mich, dass wir uns damit von anderen abgrenzen, statt uns um die wirklichen Probleme zu kümmern. Deshalb bin ich gegen einheitliche Schulkleidung an unserer Schule.*

ANWENDUNG

Debattieren in der Schule: wo, wie, worüber?

Ein Thema, unterschiedliche Positionen

In diesem Kapitel hast du die Debatte als Gesprächsform kennengelernt, interessante Themen gesammelt, kurze Reden vorbereitet und dich an einer Mikrodebatte beteiligt. Vieles von dem, was für das Debattieren wichtig ist, kennst du schon aus anderen Zusammenhängen.

Wenn du zum Beispiel mit deinen Freunden, in der Familie oder in der Schule über ein Thema redest, zu dem ihr unterschiedlicher Meinung seid, dann entwickelt sich daraus oft ein Gespräch, das viele Ähnlichkeiten mit einer Debatte hat: Wer sich beteiligt, sagt seine Meinung, begründet seine Position und setzt sich mit den Ansichten der anderen auseinander. Wie lange ein solches Gespräch dauert, wie lang die einzelnen Beiträge sind und in welcher Reihenfolge ihr sprecht, ist dabei normalerweise nicht festgelegt.

Ein Unterschied zwischen solchen alltäglichen Gesprächen und einer Debatte besteht darin, dass für eine Debatte Regeln gelten, die vorher genau festgelegt worden sind. Die Regeln der Debatte bei Jugend debattiert besagen zum Beispiel Folgendes: Jeder darf seine Position zu Beginn und am Ende ungestört darstellen. Die Redezeit ist begrenzt. Das Thema der Debatte muss als Soll-Frage formuliert sein.

Diese und weitere Regeln dienen dazu, dass jeder die gleichen Chancen hat, seinen Standpunkt einzubringen. Die Regeln sorgen auch dafür, dass am Ende der Debatte für alle Beteiligten deutlicher ist, worum es geht. Jede und jeder versteht besser, zwischen welchen Möglichkeiten man sich entscheiden muss und welche Gründe für die eine und für die andere Seite sprechen.

Klassenrat, Schülervertretung, Parlament

Eine Debatte ist ein guter Rahmen, um Fragen zu besprechen, die alle betreffen. Die Form der Debatte trägt dazu bei, dass man sachlich und konzentriert miteinander reden kann, ohne vom Thema abzukommen oder sich auf einer persönlichen Ebene zu streiten.

Die Möglichkeiten, die das Debattieren bietet, könnt ihr auch außerhalb des regulären Unterrichts in der Schule nutzen, um eure eigenen Anliegen und Vorschläge einzubringen. Als Schülerinnen und Schüler und als Bürgerinnen und Bürger habt ihr das Recht, an Entscheidungen, die euch betreffen, mitzuwirken. Zum Beispiel gibt es in Deutschland einige Schulen, in denen die Frage nach einer einheitlichen Schulkleidung nicht nur als Übungsthema debattiert, sondern zum Thema einer verbindlichen Abstimmung unter den Schülern gemacht wurde.

Manche Themen können innerhalb der Klasse entschieden werden, manche Themen betreffen die gesamte Schule. Bei anderen Themen müssen die Entscheidungen im Parlament getroffen werden. Auf allen Ebenen kannst du dich an den Entscheidungsprozessen beteiligen: Im Klassenrat kannst du Vorschläge direkt einbringen. In der Schülervertretung sind es die Klassensprecher, die sich im Namen ihrer Klassen äußern. In den Parlamenten vertreten die vom Volk gewählten Abgeordneten die Interessen der Bürgerinnen und Bürger.

Debatten, die dazu dienen, Entscheidungen vorzubereiten, sind ein wichtiger Schritt innerhalb eines längeren Ablaufs. Es beginnt meist damit, dass Menschen sich über etwas ärgern oder Sorgen machen und überlegen, wie man diesen Zustand ändern kann. Was würdest du gern verändern? Wie könnte eine Debattenfrage dazu lauten? Welche Position würdest du gern vertreten? Und wie könntest du andere dafür gewinnen, dir zu folgen?

Zum Punkt kommen

In einer Debatte muss jeder am Anfang klar sagen, wofür oder wogegen er sich ausspricht und warum er diese Position vertritt. Dieser Teil der Debatte heißt ‚Eröffnungsrunde'. In diesem Kapitel lernst du, wie man eine Eröffnungsrede aufbaut und formuliert.

Eine Eröffnungsrede soll nicht länger sein als 2 Minuten. Für Trainingsdebatten könnt ihr die Redezeit auf 1:30 verkürzen.

Einfache Redestruktur

Eine sehr einfache Redestruktur haben wir schon bei der Mikrodebatte kennengelernt: Frage – Grund – Antwort. Nun kommt ein weiterer Schritt dazu: die Einleitung. Am Anfang einer Debatte möchte man auch wissen: Warum debattieren wir über dieses Thema? Die Einleitung gibt darauf eine Antwort. Sie führt die Zuhörer an die Frage heran und zeigt, warum es für uns wichtig ist, über diese Frage zu reden.

Ein guter Einstieg ist es, eine Situation anzusprechen, die alle kennen und an der ein Problem deutlich wird. Wenn zum Beispiel die Schülerinnen und Schüler einer Schule in den Pausen lieber mit ihren Mobiltelefonen spielen, als sich mit ihren Mitschülern zu unterhalten, dann kann das ein Anlass sein, über ein Verbot von Mobiltelefonen in der Schule zu debattieren.

Für eine einfache Eröffnungsrede kannst du folgende Struktur verwenden:

- Einleitung „Jeder von euch weiß: ... ."
- Frage „Soll ... ?"
- Grund „Dafür spricht: ... ."
- Antwort „Deshalb soll ... ."

Eine kurze Eröffnungsrede (Pro)

Wähle eine Frage aus der Liste „Gute Debattenthemen" (S. 5) aus und schreibe sie an die richtige Stelle. Die Antwort, die der Pro-Redner gibt, kannst du leicht aus der Frage ableiten. Du musst nur den Wortlaut der Frage hinter den Satzanfang „Deshalb soll" schreiben und aus dem Fragezeichen einen Schlusspunkt (oder, wenn du willst, ein Ausrufungszeichen) machen, zum Beispiel:

Sollen alle Schüler in der Schule ein kostenloses Mittagessen bekommen?

Deshalb sollen alle Schüler in der Schule ein kostenloses Mittagessen bekommen.

Wie kannst du diese Antwort begründen?

Es reicht aus, wenn du einen guten Grund nennst, der dafür spricht. Jetzt musst du nur noch überlegen, wie du deine Rede einleitest.

Warum reden wir über diese Frage? Welches Problem steht dahinter?

Jeder von euch weiß: ....

....

Soll / Sollen ....

Dafür spricht: ....

....

Deshalb soll / sollen ....

Eröffnungsrede mit Erläuterung des Vorschlags (Pro 1)

Je genauer geklärt ist, was geändert werden soll, desto besser kann man darüber debattieren. Worin der Vorschlag der Pro-Seite genau besteht, lässt sich selten in einem einzelnen Satz sagen. Nehmen wir an, das Thema lautet: „Sollen Mobiltelefone in der Schule verboten werden?". Die Pro-Seite spricht sich dann dafür aus, Mobiltelefone in der Schule zu verbieten.

Was das genau heißt, kannst du herausfinden, indem du nachfragst: Was soll verboten werden? Darf man die Geräte noch mitnehmen, aber nicht anschalten, oder darf man sie nicht mehr bei sich haben? Wer soll davon betroffen sein? Nur die Schüler oder auch die Lehrer und Besucher? Wann soll das Verbot gelten? Immer oder nur während der Unterrichtszeiten? Wo sollen Mobiltelefone verboten sein? Nur in den Unterrichtsräumen, auch auf dem Schulhof oder sogar auf dem Schulweg?

Die W-Fragen, also Fragen, die mit ‚wer', ‚was', ‚wann' und ähnlichen Wörtern beginnen, helfen dir, die Soll-Frage besser zu verstehen. Am besten ist es, wenn die wichtigen Punkte schon gleich zu Beginn der Debatte geklärt werden, zum Beispiel in der Eröffnungsrede des ersten Pro-Redners.

Wirf noch einmal einen Blick auf das Thema, das du oben bearbeitet hast. Was schlägst du genau vor? Wie könntest du diesen Vorschlag erläutern?

Soll / Sollen ....

Das heißt: ....

....

....

....

Dafür spricht: ....

....

Deshalb soll ....

ÜBUNG

Eröffnungsrunde

In der Eröffnungsrunde spricht sich die Pro-Seite dafür aus, etwas zu ändern. Diesen Vorschlag zu prüfen und zu bewerten ist die Aufgabe der folgenden Eröffnungsreden. Wie man sich auf einen Vorschlag bezieht und ihn kritisiert, lernst du in diesem Abschnitt.

Die Eröffnungsrunde besteht aus vier Eröffnungsreden, die jeweils bis zu 2 Minuten lang sein können (im Training: 1:30).

Einen Vorschlag bewerten

Die Pro-Seite spricht sich dafür aus, etwas zu ändern. Der Grund für diesen Vorschlag ist, dass die gegenwärtige Situation aus der Sicht der Pro-Redner nicht so ist, wie sie sein sollte. Aus ihrer Sicht besteht ein Problem, für das man eine Lösung suchen muss. Was sie vorschlagen, soll das Problem lösen oder zu einer Lösung beitragen.

Angenommen, die Pro-Redner sehen es als ein Problem an, dass viele Schüler sich nicht mit ihren Mitschülern unterhalten, weil sie so sehr mit ihren Mobiltelefonen beschäftigt sind. Ein Verbot von Mobiltelefonen in der Schule könnte dazu beitragen, dieses Problem zu lösen. Die Contra-Redner können nun aus verschiedenen Gründen gegen diesen Vorschlag sein. Zum Beispiel können sie sagen:

- Das Problem besteht nicht.
- Es ist unklar, worin der Vorschlag genau besteht.
- Der Vorschlag lässt sich nicht umsetzen.
- Der Vorschlag löst das Problem nicht.
- Der Aufwand ist zu groß.
- Es gibt eine bessere Lösung.

Es hängt vom Thema und vom konkreten Vorschlag der Pro-Seite ab, welchen Punkt die Contra-Seite besonders betont. Häufig sind sich Pro und Contra darüber einig, dass ein Problem besteht. Die beiden Seiten sind sich aber selten darüber einig, ob der Vorschlag der Pro-Seite das Problem löst, oder darüber, ob er eine gute Lösung ist.

Die Aufgabe der Contra-Redner besteht nicht darin, selbst einen anderen Vorschlag einzubringen. Die Contra-Redner tragen durch ihre Einwände und ihre Nachfragen dazu bei, dass die Pro-Redner ihren Vorschlag möglichst genau erklären und die Gründe herausarbeiten müssen, die für ihn sprechen.

Die Punkte, die Pro und Contra unterschiedlich sehen, können in der Eröffnungsrunde oft nur kurz angesprochen werden. Die Freie Aussprache bietet dann Gelegenheit, sie genauer zu betrachten und ausführlicher zu besprechen. Das Ziel ist dabei nicht, sich zu einigen oder einen Kompromiss zu finden, sondern genauer zu verstehen, welche Punkte beide Seiten unterschiedlich sehen.

Eröffnungsrede mit Bewertung des Vorschlags (Contra)

Nachdem der erste Pro-Redner seine Eröffnungsrede gehalten hat, ist die Contra-Seite an der Reihe. Als Contra-Redner hast du mehrere Möglichkeiten, deine Eröffnungsrede aufzubauen. Die einfachste Struktur kennst du schon aus der Mikrodebatte: Frage – Grund – Antwort.

Wenn du selbst noch einmal zum Thema hinführen möchtest, kannst du auch eine Einleitung an den Anfang stellen. Wenn der erste Pro-Redner seinen Vorschlag genauer erläutert hat, kannst du dich auch direkt auf seinen Vorschlag beziehen:

- Frage „Soll ... ?"
- Vorschlag „Du schlägst vor: ... ."
- Grund „Dagegen spricht: ... ."
- Antwort „Deshalb soll ... nicht ... ."

Wenn du dich auf den Vorschlag der Pro-Seite beziehst, kannst du auch direkt damit beginnen und musst die Frage nicht noch einmal stellen. Der Bezug auf den Vorschlag funktioniert dann wie eine Einleitung und Hinführung zum Thema.

Wie könnte eine solche Eröffnungsrede aussehen? Bitte einen Mitschüler, dir seine Pro-Rede vorzulesen oder sieh dir deine eigene Pro-Rede mit Erläuterung des Vorschlags noch einmal an. Fasse den Vorschlag kurz zusammen und bewerte ihn. Was spricht dagegen?

Soll / Sollen ....

Du schlägst vor: ....

....

Dagegen spricht: ....

....

Deshalb soll .... nicht ....

Wenn ihr die Übung zu viert durchführt, dann kann nun jemand die Rolle des zweiten Pro-Redners übernehmen und auf die Einwände reagieren. Der zweite Pro-Redner (man nennt ihn auch ‚Pro 2') bringt aber keinen neuen Vorschlag ein, sondern erklärt und ergänzt das, was Pro 1 gesagt hat.

Contra 2 gibt sich mit dem, was Pro 2 gesagt hat, nicht zufrieden, sondern hakt noch einmal nach oder führt weitere Gründe an, die gegen den Vorschlag sprechen. Wenn ihr euch auf das bezieht, was eure Mitdebattanten gesagt haben, könnt ihr sie direkt ansprechen („Du hast gesagt ...", „Ihr schlagt vor ..."). Wie ihr die Eröffnungsrunde im Einzelnen gestaltet, ist nicht fesgelegt. Nur eines ist wichtig: Jede Rede sollte mit einer klaren Antwort auf die Frage abschließen („Deshalb soll ... .", „Deshalb soll ... nicht ... .").

BEISPIELTEXT

Eröffnungsrunde

Das folgende Beispiel zeigt dir, wie eine Eröffnungsrunde aussehen könnte. Die Streitfrage lautet: „Sollen Lehrer von ihren Schülern bewertet werden?".

- *[Pro 1] Jeder von euch weiß, dass es an unserer Schule sehr unterschiedliche Lehrer gibt. Manche Lehrer können gut erklären, andere nicht. Manche sind streng, andere ziemlich locker. Bei manchen macht das Lernen Spaß, bei anderen nicht. Wenn ein Lehrer zu viele Hausaufgaben aufgibt oder zu wenig auf die Fragen der Schüler eingeht, kann man so gut wie nichts dagegen tun.*

  Daher fragen wir: Sollen Lehrer von ihren Schülern bewertet werden?

  Das heißt, dass wir unseren Lehrern regelmäßig mitteilen, was wir gut finden und was sie noch besser machen können. Wir schlagen vor, dass alle Lehrer an unserer Schule zweimal im Halbjahr einen für die ganze Schule einheitlichen Bewertungsbogen an ihre Schüler ausgeben. Die Schüler bewerten anonym, wie gut der Lehrer den Stoff vermittelt, wie interessant sein Unterricht ist und ob sie sich gerecht benotet fühlen. Außerdem können sie konkrete Beschwerden oder Wünsche eintragen.

  Für diesen Vorschlag spricht, dass damit in unserer Schule ein Bewusstsein für Unterrichtsqualität entsteht, von dem wir alle profitieren.

  Deshalb sollen Lehrer von ihren Schülern bewertet werden.

    - *[Contra 1] Sollen Lehrer von ihren Schülern bewertet werden?*

      Du schlägst vor, dass die Lehrer zweimal im Halbjahr einen Bewertungsbogen an ihre Schüler ausgeben. Mir ist nicht klar geworden, wie dieser Bogen genau aussehen soll. Heißt ‚bewerten' hier, dass Noten vergeben werden, oder sollen wir aufschreiben, wie wir den Lehrer einschätzen?

      Eure Maßnahme ist außerdem mit riesigem Aufwand verbunden. Bei uns gibt es fast tausend Schüler, die dann viermal im Jahr alle ihre Lehrer bewerten müssten. Wie sollen denn diese unzähligen Bewertungsbögen gesichtet werden? Dafür braucht man viele Leute und viel Zeit. Ich glaube nicht, dass das funktionieren wird.

      Was ihr vorschlagt, ist nicht sinnvoll. Ein Lehrer, der schlechte Bewertungen von seinen Schülern bekommt, wird sich darüber einfach nur ärgern. Ihr erreicht damit nicht, dass er besseren Unterricht macht.

      Deshalb sollen Lehrer nicht von ihren Schülern bewertet werden.

  - *[Pro 2] Du hast gefragt, was wir genau meinen, wenn wir von ‚Bewerten' sprechen. Wir denken an einen Bogen, auf dem man zu Kriterien, die vorher gemeinsam erarbeitet wurden, einen Wert zwischen 0 und 10 ankreuzen kann.*

    Zum Beispiel könnten ‚Unterricht', ‚Hausaufgaben' und ‚Fairness' bewertet werden. Wenn man der Meinung ist, dass der Unterricht immer total interessant ist, kreuzt man den Wert 10 an. Wenn man findet, dass ein Lehrer zu viele Hausaufgaben aufgibt, bekommt er in diesem Bereich einen niedrigeren Wert.

Du hast Zweifel daran, dass sich unser Vorschlag umsetzen lässt, weil du es für zu aufwändig hältst, so viele Bögen durchzusehen. Diese Schwierigkeit sehe ich nicht. Die Bewertungsbögen auszuwerten ist mit geringem Aufwand möglich. In vielen Schulen, Universitäten oder Unternehmen werden bei Evaluationen bereits Formulare eingesetzt, die man elektronisch auslesen kann. Das ist technisch kein Problem.

Schüler, Lehrer und Eltern müssten sich allerdings zusammensetzen und über die Kriterien sprechen. Wenn die Lehrer wissen, dass wir sie regelmäßig nach diesen Kriterien bewerten, werden sie sich mehr Mühe geben.

Deshalb bin ich dafür, dass Lehrer von ihren Schülern bewertet werden.

- *[Contra 2] Eure Idee, die Bögen elektronisch auslesen zu lassen, finde ich nicht überzeugend. Das ist technisch nicht so einfach, wie ihr es darstellt.*

  Außerdem ist mir noch nicht klar, wie ihr die Bögen anonym ausfüllen lassen wollt, wenn es ein Feld für Wünsche und Beschwerden geben soll. Man kann dann doch immer an der Handschrift erkennen, wer den Bogen ausgefüllt hat.

  Aber selbst wenn ihr diese Probleme irgendwie lösen könntet, spricht doch noch etwas anderes gegen euren Vorschlag: Es kann leicht passieren, dass ein Lehrer nur deshalb tolle Bewertungen erhält, weil er wenig Hausaufgaben aufgibt und gute Noten verschenkt. Oder Schüler rächen sich an Lehrern, weil sie eine schlechte Note bekommen haben.

  Viele Schüler können schlicht und einfach nicht beurteilen, ob der Unterricht eines Lehrers gut ist oder nicht. Manche Lehrer sind streng und machen einen anspruchsvollen Unterricht. Bei diesen Lehrern lernt man vielleicht am meisten. Aber durch euer Verfahren würden sie wahrscheinlich schlechte Bewertungen bekommen.

  Wenn wir Wünsche oder Anregungen haben, sollten wir direkt mit unseren Lehrern sprechen, statt sie anonym zu bewerten. Sonst zerstören wir das Vertrauensverhältnis zwischen Lehrern und Schülern.

  Deshalb sollen Lehrer nicht von ihren Schülern bewertet werden.

ANWENDUNG

Vom Problem zum Lösungsvorschlag

Was möchtest du verändern?

In diesem Kapitel hast du gelernt, zu einer Streitfrage Position zu beziehen und deine Position gut zu begründen. In einer Debatte macht immer ein Pro-Redner oder eine Pro-Rednerin den Anfang, es beginnt also immer die Seite, die etwas verändern will.

Die Vertreter der Pro-Seite sagen in der Debatte nicht einfach: „So, wie es jetzt ist, kann es nicht bleiben." Sie müssen auch sagen, worin die Veränderung bestehen soll. Der Vorschlag der Pro-Seite soll ein Problem lösen oder zumindest zur Lösung eines Problems beitragen. Ein Problem besteht dann, wenn etwas nicht so ist, wie es sein soll.

Wenn du dich über etwas ärgerst oder dir über etwas Sorgen machst, das nicht nur für dich, sondern auch für andere ein Problem darstellt, kannst du dich fragen, welche Lösungen es für dieses Problem geben könnte. Dabei solltest du dir am Anfang erlauben, in alle Richtungen zu denken. Auch Lösungen, die auf den ersten Blick vielleicht sehr weitgehend oder unrealistisch zu sein scheinen, verdienen, genauer betrachtet zu werden.

Nehmen wir zum Beispiel einen Punkt, über den die Redner in der Eröffnungsrunde in unserem Beispieltext gesprochen haben: die Menge der Hausaufgaben. Wenn du der Meinung bist, dass ihr zu viel Zeit mit den Hausaufgaben verbringen müsst, kannst du unterschiedliche Lösungsansätze wählen. In unserem Beispieltext schlagen die Pro-Redner vor, dass Schüler ihre Lehrer bewerten und ihnen auf diese Weise auch eine Rückmeldung zu den Hausaufgaben geben. Ein anderer Vorschlag könnte darin bestehen, die Hausaufgaben ganz abzuschaffen. Oder man könnte die Schule so umstrukturieren, dass es Phasen des selbstständigen Lernens gibt, die innerhalb der Schulzeit stattfinden. Dann hätte man nach Schulschluss frei. Das ist nur eine kleine Auswahl möglicher Lösungsansätze. Jede dieser Möglichkeiten bringt Vor- und Nachteile mit sich. Welchen Vorschlag findest du am besten? Wie würdest du ihn genauer erklären?

Vorschläge prüfen und bewerten

In einer Debatte ist es die Aufgabe der Contra-Redner, den Vorschlag der Pro-Seite kritisch unter die Lupe zu nehmen. Die Contra-Redner prüfen, ob klar ist, worin der Vorschlag genau besteht. Sie weisen auf Schwierigkeiten hin, die sich bei der Umsetzung ergeben können. Und sie fragen, ob die Maßnahme tatsächlich zur Lösung des Problems beiträgt und ob das eine gute Lösung ist.

Beide Seiten, Pro und Contra, denken in einer Debatte gemeinsam über Möglichkeiten nach, die Zukunft zu gestalten. Durch ihre Nachfragen und Einwände machen die Contra-Redner deutlich, was noch besser erklärt und begründet werden muss. Die Contra-Seite kann sich aber auch auf den Standpunkt stellen, dass es klüger ist, bei der gegenwärtigen Regelung zu bleiben. Oder Contra kann bezweifeln, dass sich das Problem so stellt, wie es die Pro-Seite beschrieben hat.

Wenn du selbst einen Vorschlag entwickelst, solltest du versuchen, immer wieder auch die Perspektive der Contra-Seite einzunehmen. Auch wenn du davon überzeugt bist, dass die Maßnahme, die du dir überlegt hast, viele Stärken hat, ist es gut, wenn du auch auf die Schwächen schaust. Diese Form der Vorbereitung hilft dir, mögliche Einwände und Streitpunkte vorherzusehen und besser auf sie zu reagieren. Außerdem trainierst du dabei, dich nicht zu schnell auf eine Sichtweise festzulegen, sondern gedanklich beweglich zu bleiben.

Genau anknüpfen

In einer Debatte ist es wichtig, dass alle Gesprächspartner einander aufmerksam zuhören und die Gedanken der anderen aufgreifen und weiterführen. In diesem Kapitel lernst du, wie du dich am besten auf das beziehen kannst, was die anderen gesagt haben.

Ein Beitrag in der Freien Aussprache sollte kurz sein und nur einen neuen Punkt enthalten. 30 bis 40 Sekunden pro Beitrag sind ein guter Wert.

Gedanken aufgreifen und weiterführen

In der Freien Aussprache führt ihr die Positionen, die ihr in der Eröffnungsrunde bezogen habt, weiter aus und vergleicht sie in verschiedenen Hinsichten. Dieser Teil der Debatte dient dazu, sich über Gründe und Gegengründe auszutauschen.

Wichtig ist, dass ihr sorgfältig aufeinander Bezug nehmt, euch kurz fasst und darauf achtet, dass ihr die anderen Debattanten wirklich verstanden habt.

Um das zu üben, könnt ihr zu zweit ein kurzes Gespräch führen. Beide Gesprächspartner sollten versuchen, immer zuerst den Gedanken des anderen aufzugreifen, bevor sie ihre eigene Sicht formulieren. Jeder Beitrag besteht also aus zwei Schritten:

- Anknüpfung „Du sagst: … ."
- eigene Sicht „Ich meine … ."

Der erste Schritt wird ‚Anknüpfung' genannt. Das Wort ‚anknüpfen' bezieht sich eigentlich auf Seile oder Fäden und bedeutet: ‚mit einem Knoten befestigen' oder ‚zwei Fäden miteinander verbinden'.

Wenn du in einem Gespräch zuerst das, was dein Gesprächspartner gesagt hat, mit eigenen Worten noch einmal sagst, dann knüpfst du an seinen Beitrag an. Damit das gelingt, müsst ihr euch beide sehr genau zuhören und versuchen, so zu sprechen, dass der andere gut folgen kann.

Am Anfang kommt ihr euch bei dieser Übung vielleicht etwas komisch vor. Das Gespräch wird sehr langsam und ihr habt möglicherweise das Gefühl, alles würde immer zweimal gesagt. Davon solltet ihr euch nicht verunsichern lassen.

Es ist ähnlich wie beim Sport: Um bestimmte Muskelgruppen zu trainieren, konzentriert ihr euch ganz auf diesen Bereich. Wenn ihr übt, genau anzuknüpfen, dann geht es erst einmal nur um diese Fähigkeit. In einer Debatte seid ihr natürlich freier und nicht an ein festes Schema gebunden.

Probiert es einfach einmal aus! Sucht euch zu dritt ein Thema aus der Themenliste (S. 5) und verteilt die Rollen. Einer vertritt die Pro-Seite, einer die Contra-Seite und der Dritte übernimmt die Rolle des Beobachters, der selbst am Gespräch nicht beteiligt ist.

Der Beobachter kann die beiden Redner durch ein Klopfzeichen daran erinnern, die Form einzuhalten, wenn sie, ohne anzuknüpfen, direkt antworten oder ihre eigene Sicht sehr ausführlich darstellen. Nach 3 Minuten wechseln die Rollen. Zur Vorbereitung könnt ihr den Anfang des Gesprächs auch gemeinsam aufschreiben.

Der Pro-Redner macht den Anfang mit einer kurzen Rede nach dem Muster ‚Frage – Grund – Antwort‘:

Soll / Sollen ....

Dafür spricht: ....

....

Deshalb soll ....

An den ersten Beitrag des Pro-Redners knüpft der Contra-Redner an:

Du sagst...

....

Ich meine ....

....

Der Pro-Redner antwortet auf den Contra-Redner:

Du sagst...

....

Ich meine ....

....

Der Contra-Redner antwortet auf den Pro-Redner:

Du sagst...

....

Ich meine ....

....

Nun lest ihr mit verteilten Rollen vor, was ihr aufgeschrieben habt, und setzt das Gespräch dann in freier Rede fort. Dabei könnt ihr auch andere Formulierungen ausprobieren. Zum Beispiel hilft es manchmal, zwischen Anknüpfung und eigene Sicht einen Satz einzuschalten, mit dem ihr das Gesagte einordnet, zum Beispiel: „Das sehe ich ähnlich.“ oder „Das sehe ich anders.“

ÜBUNG

Freie Aussprache

In der Freien Aussprache ist die Fähigkeit wichtig, Gemeinsamkeiten und Unterschiede zwischen den Positionen zu erkennen und zu erfassen, wo der Streitpunkt liegt. In dieser Übung lernt ihr, wie ihr den Überblick behaltet und eine Zwischenbilanz formuliert.

Die Freie Aussprache dauert 12 Minuten. In einer Trainingsdebatte kann die Zeit auf 8 Minuten verkürzt werden.

Den Überblick behalten

In welcher Reihenfolge oder in welchem Umfang sich die vier Redner an der Freien Aussprache beteiligen, ist nicht festgelegt. Auch für den inhaltlichen Verlauf gibt es keine festen Vorgaben. Eine gute Möglichkeit, die Freie Aussprache zu strukturieren, besteht darin, gelegentlich festzuhalten, worüber sich die Pro-Seite und die Contra-Seite einig sind und welche Punkte sie unterschiedlich sehen.

Einigkeit oder Uneinigkeit können im Hinblick auf folgende Punkte bestehen:

▪ Problem	Besteht hier ein Problem?
	Worin besteht das Problem?
▪ Vorschlag	Ist klar, worin der Vorschlag besteht?
	Löst die Maßnahme das Problem?
▪ Bewertung	Ist es eine gute Lösung?
	Gibt es eine bessere Lösung?

Wenn du den Eindruck hast, dass über einen Punkt alles Wichtige gesagt wurde, kannst du die Freie Aussprache vorantreiben, indem du den Stand des Gesprächs kurz zusammenfasst und dann einen neuen Punkt ansprichst.

Um jederzeit den Überblick zu behalten, solltest du die Gemeinsamkeiten und Unterschiede während der Freien Aussprache in Stichworten mitschreiben. Das ist etwas einfacher, wenn man die Debatte als Beobachter verfolgt, aber mit etwas Übung kannst du diese Notizen auch anfertigen, wenn du selbst an der Debatte beteiligt bist.

Versucht es einmal! Ihr könnt dasselbe Thema verwenden, um das es in der Übung ‚Genau anknüpfen' ging, oder ihr sucht euch ein neues Thema aus der Themenliste (S. 5) aus. Zur Vorbereitung überlegt ihr gemeinsam, welche Gründe bei diesem Thema wichtig sind und worin ein sinnvoller Vorschlag besteht. Dann lost ihr die Positionen aus.

Während der Freien Aussprache notierst du auf der linken Seite die Punkte, die für die Pro-Seite wichtig sind, und auf der rechten Seite die Punkte, die für die Contra-Seite wichtig sind. Wenn sich beide Seiten über etwas einig sind, schreibst du es unter die Überschrift ‚Gemeinsamkeiten' unten auf das Blatt.

Pro	Contra
....	....
....	....
....	....
....	....
....	....

Gemeinsamkeiten

....

....

....

Nach etwa drei Minuten fasst du die Gemeinsamkeiten und Unterschiede in einer kurzen Zwischenbilanz zusammen. Ob du auf der Pro- oder auf der Contra-Seite stehen möchtest, kannst du selbst entscheiden.

Wir sind uns einig: ....

....

Ein Unterschied ist: Ihr sagt ....

....

Wir sagen ....

....

Nach der Zwischenbilanz setzt ihr die Freie Aussprache fort. Nach weiteren drei Minuten übernimmt ein anderer Debattant oder eine andere Debattantin die Zwischenbilanz. Ihr müsst nicht alle Punkte wiederholen, die ihr unterschiedlich seht. Besser ist es, einen wichtigen Unterschied herauszugreifen. Dann könnt ihr entscheiden, ob ihr diesen Punkt vertieft, oder einfach festhaltet, dass ihr ihn unterschiedlich seht, um dann zu einem neuen Punkt überzugehen.

BEISPIELTEXT

Freie Aussprache

Unten findest du ein Beispiel für eine Freie Aussprache. Die Streitfrage lautet: „Soll man Alkohol erst ab 18 Jahren trinken dürfen?“ Die Debattantinnen und Debattanten haben ihre Positionen in der Eröffnungsrunde schon dargestellt und begründet. Der erste Beitrag von Pro 1 knüpft daran an:

- *[Pro 1] Du hast gesagt, dass man Jugendliche besser über die Gefahren des Alkohols aufklären sollte. Gegen Aufklärung und Prävention ist nichts einzuwenden. Das Problem, dass jemand zu seinem 16. Geburtstag ein paar Kästen Bier kauft und mit seinen Freunden so lange trinkt, bis keiner mehr seinen Namen fehlerfrei aussprechen kann, wirst du damit allerdings nicht lösen. Dagegen hilft nur, den Verkauf von alkoholischen Getränken an Minderjährige zu verbieten.*

- *[Contra 1] Wenn du den Verkauf an Minderjährige verbietest, schicken sie ihre großen Brüder oder bitten einen Erwachsenen, für sie einzukaufen. Das sieht man bei Zigaretten oder hochprozentigen Getränken wie Wodka: Wer sie sich besorgen möchte, bekommt sie – auch wenn er unter 18 ist. Eine Altersgrenze, wie ihr sie vorschlagt, lässt sich nicht kontrollieren.*

- *[Pro 2] Dass die Kontrolle eines Verbots mit Schwierigkeiten verbunden sein kann, ist sicher richtig. Das ist aber vor allem ein Problem der gegenwärtigen Regelung. Heute kann ein 16-Jähriger, der betrunken auf der Straße liegt, immer noch behaupten, er hätte nur Bier getrunken. Wenn Alkohol unter 18 strikt verboten ist, gibt es solche Grauzonen nicht mehr.*

- *[Contra 2] Du meinst, dass mit eurem Vorschlag die Grenze klarer gezogen wird als bisher. Die gegenwärtige Regelung ist aber in diesem Punkt durchaus vernünftig. Auf diese Weise können Jugendliche in Gesellschaft ein Bier oder ein Glas Wein trinken und so lernen, wie man mit dem Alkohol umgeht.*

- *[Pro 1] Ich kenne keinen Jugendlichen, der gepflegt ein Glas Wein mit seinen Eltern trinkt. Ich kenne aber eine Menge Leute, die am Sonntagmorgen nicht mehr wissen, wie sie überhaupt nach Hause gekommen sind. Diese Exzesse sind möglich, weil man in jeder Kneipe und an jeder Tankstelle alkoholische Getränke bekommen kann.*

- *[Contra 2] Du stellst es so dar, als würden Jugendliche sich bei jeder Gelegenheit bis zur Besinnungslosigkeit betrinken. Das sehe ich anders. Im Kino oder nach dem Sport mit seinen Freunden ein Bier zu trinken ist noch lange kein gefährlicher Exzess. Gefährlich sind die harten Sachen, und die werden heimlich getrunken, weil sie verboten sind.*

- *[Pro 2] Die Unterscheidung zwischen harmlosem Bier und gefährlichem Schnaps ist doch unsinnig. Jeder zwanzigste Deutsche ist alkoholabhängig. Am Anfang ist es ein Bier, dann sind es zwei oder drei, irgendwann geht ohne Alkohol gar nichts mehr. Wer Alkohol trinkt, schädigt sich und kann abhängig werden. Und davor muss man Jugendliche schützen.*

- *[Contra 1] Wir sind uns darüber einig, dass Alkohol nicht ungefährlich ist und dass man versuchen muss, Missbrauch zu verhindern. Ich glaube nur nicht, dass ein Verbot der richtige Weg ist. Was verboten ist, finden viele Leute nun einmal besonders interessant.*

- *[Pro 1] Das Argument, Verbote würden dazu führen, dass etwas erst interessant wird, finde ich nicht überzeugend. Nach dieser Logik dürfte man überhaupt nichts verbieten. Soll man eurer Meinung nach Schnaps, Medikamente oder Drogen einfach freigeben und in jedem Supermarkt verkaufen? Sicher nicht. Gefährliche Stoffe dürfen nicht frei erhältlich sein.*

- *[Contra 2] Du sagst, dass gefährliche Stoffe nicht frei erhältlich sein dürfen. Dem würde ich nicht widersprechen. Wir reden aber nicht über die völlige Freigabe, sondern über eine Altersgrenze. In unserer Kultur spielt Alkohol eine besondere Rolle. Wer konfirmiert ist, darf in der Kirche am Abendmahl teilnehmen und einen Schluck Messwein trinken. Wenn es etwas zu feiern gibt, wird mit Sekt angestoßen. Die gegenwärtige Regelung dient auch dazu, dass Jugendliche davon nicht ausgeschlossen werden.*

- *[Pro 2] Die besondere Rolle des Alkohols, auf die du hinweist, ist meiner Meinung nach dafür verantwortlich, dass die Gefahren nicht deutlich genug gesehen werden. Wenn bei jeder Gelegenheit Alkohol getrunken wird, entsteht natürlich der Eindruck, dass das einfach dazugehört. Das ist nicht nur für die Gesundheit gefährlich. Wer Alkohol getrunken hat, benebelt seinen Verstand und bekommt vieles nicht mehr mit. Das ist doch kein erstrebenswerter Zustand.*

- *[Contra 1] Du findest, dass man lieber nüchtern bleiben soll, als Alkohol zu trinken. Das kann man so sehen. Aber letztlich muss es jeder selbst entscheiden. Wenn man Jugendlichen heute erlaubt, in gewissem Umfang Alkohol zu trinken, ist das auch ein Zeichen von Vertrauen, dass sie mit dieser Freiheit vernünftig umgehen können.*

ANWENDUNG

Die andere Seite hören

Zuhören und Anknüpfen

Ihr habt nun trainiert, ein Gespräch so zu führen, dass alle Beteiligten einander aufmerksam zuhören und sich aufeinander beziehen. Du hast gelernt, wie du die Gedanken der anderen aufgreifen und weiterführen kannst, auch wenn ihr unterschiedliche Positionen vertretet. Diese Fähigkeiten sind für alle drei Teile der Debatte wichtig, und sie helfen dir auch in anderen Gesprächssituationen.

Vielleicht ist dir aufgefallen, dass es nicht einfach ist, den Ausführungen der anderen zu folgen, wenn man gleichzeitig darüber nachdenkt, was man selbst als Nächstes sagen möchte. Das liegt daran, dass wir uns schlecht auf zwei Dinge gleichzeitig konzentrieren können. Wenn du üben möchtest, gut zuzuhören, solltest du daher daran arbeiten, deine gesamte Aufmerksamkeit auf deinen Gesprächspartner zu richten. Dabei hilft es, wenn du dich ihm zuwendest und Blickkontakt aufnimmst. Auf diese Weise zeigst du deinem Gegenüber auch durch deine Körperhaltung und deinen Gesichtsausdruck, dass du Interesse an dem hast, was er sagt. Beobachte dich einmal selbst: Wie gut gelingt es dir, dich ganz auf dein Gegenüber einzustellen? Ab wann fängst du an, nur noch mit halber Aufmerksamkeit zu folgen und gleichzeitig über mögliche Einwände oder andere Gesichtspunkte nachzudenken?

Konzentriert zuzuhören ist leichter, wenn du dich nicht unter den Druck setzt, auf jede Äußerung sofort etwas entgegnen zu müssen. Nimm dir ruhig die Zeit, einmal durchzuatmen, bevor du zur Erwiderung ansetzt. Es hilft auch, zu Beginn deines eigenen Beitrags noch einmal aufzugreifen, was dein Gesprächspartner gesagt hat. Du zeigst ihm damit, dass du zugehört hast und wie du ihn verstanden hast. Du musst nicht jedesmal die Formulierung „Du sagst..." verwenden. Wie die Debattanten in unserem Beispieltext kannst du auf unterschiedliche Weise an die Beiträge der anderen anknüpfen. Du kannst in eigenen Worten wiedergeben oder zusammenfassen, was der andere gesagt hat, den entscheidenden Begriff aufnehmen oder auch nur den Gedanken des anderen inhaltlich weiterführen.

Gemeinsamkeiten und Unterschiede

Das Thema einer Debatte ist eine Entscheidungsfrage, zu der die Pro-Redner und die Contra-Redner entgegengesetzte Positionen vertreten. Das bedeutet, dass sie bestimmte Punkte unterschiedlich sehen und deshalb zu entgegengesetzten Antworten auf die Streitfrage kommen. Trotz dieser Unterschiede wird es immer auch viele Gemeinsamkeiten geben: Die Debattanten in unserem Beispieltext sind sich darüber einig, dass Alkohol gefährlich ist, dass gefährliche Stoffe nicht frei verkauft werden sollen und dass Alkohol in unserer Kultur eine besondere Rolle spielt. Sie sind sich aber nicht darüber einig, ob man Jugendlichen unter 18 Jahren erlauben soll, bestimmte alkoholische Getränke zu kaufen und zu trinken.

Das Ziel einer Debatte besteht nicht darin, einen Kompromiss oder eine Einigung in Bezug auf die Streitfrage zu erreichen. Wenn die Frage, die das Thema der Debatte bildet, genau beantwortet wird, ist ein Mittelweg auch gar nicht möglich. Entweder dürfen Jugendliche unter 18 Jahren Bier und Wein trinken oder sie dürfen es nicht. Zwischen diesen beiden Möglichkeiten muss man sich entscheiden.

Nicht Einigung, sondern Klarheit über die Unterschiede ist das Ziel einer Debatte. In einer Debatte geht es nicht um einen Ausgleich von Interessen, sondern darum, genau zu erfassen, worin sich die Positionen unterscheiden und aus welchen Gründen. Diese Unterschiede werden deutlicher und besser verständlich, wenn man sie vor dem Hintergrund der Gemeinsamkeiten und geteilten Überzeugungen sehen kann.

Struktur Schlussrede
Anknüpfung:
darüber debattiert ...
Hauptgrund:
ist ...
ich ...

SCHLÜSSE ZIEHEN

Zum Schluss kommen

In der Schlussrunde beziehen alle vier Redner noch einmal Position und machen deutlich, warum sie sich in ihrer Meinung bestätigt fühlen oder sie geändert haben. In diesem Abschnitt lernst du, wie du die wichtigsten Gründe aufgreifen und den entscheidenden Grund benennen kannst.

Die Schlussrunde besteht aus vier Schlussreden, die jeweils bis zu 1 Minute lang sein können.

Der entscheidende Grund

Die vier Schlussreden fassen die Debatte zusammen. Sie greifen die wichtigsten Gedanken auf, ordnen sie und zeigen noch einmal, warum es auf sie ankommt. Ganz neue Argumente dürfen dabei nicht genannt werden. Vielmehr soll jeder Redner darstellen, worin aus seiner Sicht der Ertrag der Debatte besteht, welcher Grund für ihn den Ausschlag gibt und wie er die Streitfrage nun beantwortet, wenn er alles berücksichtigt, was in der Eröffnungsrunde und in der Freien Aussprache gesagt wurde.

Für die Schlussrede kannst du folgende Struktur verwenden:

- Frage „Wir haben uns gefragt: Soll ... ?"
- Gründe „Dafür spricht ... .", „Dagegen spricht ... ."
- Hauptgrund „Entscheidend ist ... ."
- Antwort „Deshalb soll ... ."

Die Schlussrede gibt dir die Möglichkeit, noch einmal klar zu sagen, welche Gründe in dieser Debatte für dich wichtig waren und wie man sich aus deiner Sicht entscheiden soll. In der einfachsten Form, die du schon aus der Mikrodebatte kennst, nennst du nur einen Grund, nämlich den Grund, der für dich am wichtigsten ist.

Eine ausführlichere Schlussrede kann einen wichtigen Grund der eigenen Seite und einen wichtigen Grund der Gegenseite noch einmal aufgreifen und dann den entscheidenden Grund benennen. Wie du deine Schlussrede aufbaust, ist dir freigestellt. Sie kann die wichtigen Punkte aus der Debatte noch einmal der Reihe nach ansprechen, eine Bilanz ziehen, den wichtigsten Streitpunkt herausarbeiten oder das Thema in einen größeren Zusammenhang einordnen.

Alle Gründe, die in der Schlussrede aufgegriffen werden, müssen in der Debatte schon einmal genannt worden sein, entweder in der Eröffnungsrunde oder in der Freien Aussprache. Denn wenn ein Grund in der Schlussrunde zum ersten Mal genannt wird, können die anderen Debattanten nicht mehr darauf reagieren.

Eine gute Schlussrede fasst in weniger als einer Minute zusammen, was vorher über eine längere Zeit besprochen wurde. Die Fähigkeit, den entscheidenden Punkt herauszugreifen, ist auch außerhalb von Debatten sehr nützlich. Du kannst sie trainieren, indem du dich im Laufe eines Gesprächs fragst:

Worum geht es gerade? Was ist hier entscheidend?

Schlussrede

Wenn du üben möchtest, eine Schlussrede zu halten, kannst du auf die Übungen aus dem vorigen Kapitel zurückgreifen. Du kannst zum Beispiel das Gespräch aus der Übung ‚Genau anknüpfen' (S. 21) noch einmal ansehen oder die Mitschrift aus der Übung ‚Den Überblick behalten' (S. 23) zur Hand nehmen.

Eine andere Möglichkeit besteht darin, dass ihr euch noch einmal zu dritt ein Thema von der Themenliste aussucht (S. 5) und die Positionen auslost: Einer übernimmt die Pro-Seite, einer die Contra-Seite und der Dritte hält nach vier Minuten eine Schlussrede.

Wenn du diese Rolle übernimmst und eine Schlussrede für die Pro-Seite halten willst, fragst du dich: Welcher Grund der Pro-Seite ist besonders wichtig? Welcher Einwand der Contra-Seite sollte bedacht werden? Welcher Grund ist für mich entscheidend? Am Ende gibst du die Antwort auf die Frage und positionierst dich abschließend.

Wir haben uns gefragt: Soll / Sollen ....

....

Dafür spricht: ....

....

Dagegen spricht: ....

....

Entscheidend ist ....

....

Deshalb soll / sollen ....

Die letzten beiden Schritte sind für eine gute Schlussrede besonders wichtig. Denn das Thema der Debatte ist eine Frage, auf die es genau zwei Antworten gibt, zwischen denen man sich entscheiden muss. Die gesamte Debatte kann man als Gespräch verstehen, das uns dabei hilft, uns bewusst für oder gegen etwas zu entscheiden.

In der Schlussrunde darfst du bei Jugend debattiert deine Position auch verändern. Du kannst zum Beispiel auf Einwände der Gegenseite reagieren und ihnen auch, soweit sie dir einleuchten, zustimmen. Du dürftest dich sogar ganz neu positionieren, also von der Pro- auf die Contra-Seite wechseln oder umgekehrt, wenn die Debatte dir dazu Anlass gibt. Von dieser Möglichkeit, die Position zu wechseln, wird allerdings nur selten Gebrauch gemacht.

Ob du deine Position unverändert beibehältst oder sie leicht oder deutlich veränderst, ist dir überlassen. Du musst aber deinen Mitdebattanten und, falls ihr vor Zuschauern debattiert, dem Publikum erklären, warum du dich am Ende für diese Position entscheidest. Welcher Grund gibt schließlich den Ausschlag dafür, dass du dich so und nicht anders entscheidest?

BEISPIELTEXT

Schlussrunde

Das nachfolgende Beispiel zeigt dir eine Schlussrunde zur Frage „Sollen Mobiltelefone in der Schule verboten werden?". Die Debattanten sprechen in derselben Reihenfolge wie in der Eröffnungsrunde.

- *[Pro 1] Wir haben uns gefragt, ob Mobiltelefone in der Schule verboten werden sollen.*

  Ihr habt gesagt, dass Jugendliche darauf angewiesen seien, soziale Netzwerke und Informationsportale jederzeit nutzen zu können. Deswegen haben wir darüber gesprochen, ob unsere Maßnahme zu weit geht oder angemessen ist.

  Aus unserer Sicht ist es ein großes Problem, dass Jugendliche ständig abgelenkt werden, weil auf ihrem Smartphone wieder irgendeine Benachrichtigung eintrifft oder der Vibrationsalarm signalisiert, dass ihr neuestes Selfie geliked wurde. Diese Abhängigkeit kann man durchaus mit Drogen- oder Spielsucht vergleichen.

  Für mich ist entscheidend, dass nur glasklare Regeln Jugendliche dabei helfen können, von den andauernden Versuchungen der sozialen Netzwerke unabhängig zu werden. Und es ist die Aufgabe der Schule, sie davor zu schützen, ihre gesamte Energie in der virtuellen Welt der Apps, Messages, Posts und Likes zu vergeuden. Das ist nur mit einer konsequenten Haltung möglich.

  Deshalb spreche ich mich für ein Verbot von Mobiltelefonen in der Schule aus.

- *[Contra 1] Wir waren uns einig, dass Mobiltelefone in der Schule Probleme mit sich bringen können und dass man die Benutzung einschränken muss.*

  Unterschiedlich sehen wir den Punkt, an dem man eine Grenze ziehen sollte. Ihr habt eine sehr weit gehende Lösung vorgeschlagen und wollt die Schule zur ‚handyfreien Zone' erklären, zumindest für die Schüler.

  Wir haben darauf hingewiesen, dass es in unserem Schulgebäude überhaupt keine Möglichkeit gibt, Handys einzuschließen. Wenn man diese Schließfächer einbauen wollte, wäre das mit enormem Aufwand verbunden. Ob dieser Aufwand gerechtfertigt ist, sehen wir unterschiedlich.

  Entscheidend ist aber etwas anderes: Ein Verbot auf dem Schulgelände löst das Problem nicht, sondern verschärft es nur. Wenn jemand mit seinem neuen Smartphone prahlen will, dann macht er das dann eben auf dem Schulweg oder heimlich. Durch ein Verbot werden Mobiltelefone erst richtig interessant. Das Verbot löst keine Probleme, sondern hat den gegenteiligen Effekt.

  Deshalb sollen Mobiltelefone in der Schule nicht verboten werden.

- *[Pro 2] Der wichtigste Streitpunkt in unserer Debatte war das Verhältnis von persönlicher Freiheit und dem Erziehungsauftrag der Schule.*

  Ihr habt es so dargestellt, als ob Smartphones vor allem dazu eingesetzt würden, für Referate zu recherchieren und Vokabeln zu lernen. Wenn jemand sein Handy dazu verwendet, jemanden heimlich zu filmen oder peinliche Bilder hochzuladen, dann sei das, sagt ihr, eben ein bedauerlicher Missbrauch.

Das ließ sich nicht auflösen, denn das sehen wir grundsätzlich anders. Ich meine: Geräte, mit denen so etwas möglich ist, haben in der Schule nichts verloren.

Entscheidend ist für uns, dass die Schule einen geschützten Raum bildet, in dem jede und jeder sich bewegen kann, ohne Angst davor haben zu müssen, fotografiert oder gefilmt zu werden. Mobiltelefone bedrohen den Schulfrieden und nehmen vielen Schülern die Lern-Chancen. Smartphones haben so viele Funktionen, dass man die Inhalte im Einzelnen nicht kontrollieren kann. Hier hilft nur ein generelles Verbot.

Deshalb sage ich: Keine Mobiltelefone in der Schule!

- *[Contra 2] Wir haben über Mobiltelefone in der Schule gesprochen, aber im Grunde ging es um das größere Thema: Wie soll der Mensch mit den Möglichkeiten umgehen, die ihm die Technik bietet?*

  Wir stimmen mit euch darin überein, dass mobile Endgeräte unser Leben und die Beziehungen zwischen den Menschen verändern.

  Eure pessimistische Haltung zu dieser Entwicklung teilen wir aber nicht. Die neuen Technologien eröffnen viele Möglichkeiten, an die früher nicht zu denken war. Aus unserer Sicht kann man nicht alle Veränderungen als Fehlentwicklungen verurteilen, wie ihr es tut. Wenn die Schule auf dem Stand des letzten Jahrhunderts stehenbleibt, steht die Zukunftsfähigkeit unseres Bildungssystems auf dem Spiel.

  Entscheidend ist nicht, welche Technologien verwendet werden, sondern wie man sie einsetzt. Die Schule hat die Aufgabe, die Fähigkeiten zu vermitteln, die man für den Umgang mit modernen Kommunikationsmitteln braucht. Was es heißt, etwas auf den Punkt zu bringen, kann man auch bei Twitter lernen. Die Schule darf vor neuen Entwicklungen nicht die Augen verschließen, sondern muss zeigen, wie man sie produktiv und intelligent nutzen kann. Verbote sind dazu der völlig falsche Weg.

  Deshalb spreche ich mich gegen ein Verbot von Mobiltelefonen in der Schule aus.

ÜBERSICHT

Die drei Teile der Debatte

Eröffnungsrunde

4 Eröffnungsreden, bis zu 2 Minuten pro Rede

In der Eröffnungsrunde hält jeder Debattant eine Eröffnungsrede. Pro und Contra wechseln sich ab. Pro beginnt. Der erste Redner führt in das Thema der Debatte ein und erläutert es. Diese Klärung gelingt am besten, wenn ein konkreter Vorschlag formuliert wird, zu dem die anderen Debattanten dann Position beziehen. Aufgabe der Contra-Redner ist es, den Vorschlag der Pro-Seite kritisch zu prüfen.

Freie Aussprache

freier Wechsel der Beiträge, ingesamt 12 Minuten

In der Freien Aussprache kommen die vier Debattanten mehrmals zu Wort. Sie führen ihre Positionen weiter aus und setzen sich mit den Gedanken der anderen auseinander. Die Reihenfolge der Beiträge ist nicht festgelegt. Das Thema schrittweise zu entfalten gelingt am besten, wenn die Debattanten immer nur einen neuen Gesichtspunkt pro Beitrag einbringen und genau aneinander anknüpfen.

Schlussrunde

4 Schlussreden, bis zu 1 Minute pro Rede

In der Schlussrunde wird die Streitfrage ein zweites Mal beantwortet. Jeder Debattant bezieht erneut Position. Die Schlussreden fassen die Debatte zusammen, greifen die wichtigsten Gedanken auf, ordnen und gewichten sie. Die abschließende Positionierung gelingt am besten, wenn jeder Redner sein Fazit zieht: Was war wichtig, was beurteile ich jetzt anders, welcher Grund ist für mich entscheidend?

Gute Formulierungen

Eröffnungsrunde

Jeder von euch weiß ...

Wir stellen uns die Frage: Soll ... ?

Das heißt: ...

Wir schlagen vor: ...

Dafür spricht: ...

Deshalb soll ...

Position beziehen

Soll ... ?

Ihr schlagt vor: ...

Mir ist nicht klar, wie ...

Eine Schwierigkeit ist: ...

Gegen euren Vorschlag spricht: ...

Deshalb soll ... nicht ...

Freie Aussprache

Du hast gesagt: ...

Ich meine: ...

Du hast gefragt: ...

Dazu sage ich: ...

Aufeinander eingehen

Das sehe ich anders.

Das sehe ich ähnlich.

Wir sind uns einig: ...

Ein Unterschied ist: ...

Schlussrunde

Wir haben uns gefragt: Soll ... ?

Dafür spricht: ...

Dagegen spricht: ...

Entscheidend ist für mich: ...

Deshalb soll ...

Schlüsse ziehen

Das Thema unserer Debatte war: ...

Wir haben darüber gesprochen, ob ...

Der wichtigste Streitpunkt war: ...

Aus meiner Sicht ist entscheidend ...

Deshalb sage ich: ...

Fragennetz

Wenn das Thema einer Debatte anspruchsvoll ist, musst du die Hintergründe und Voraussetzungen des Themas schon vor Beginn der Debatte klären. In diesem Kapitel lernst du, welche Schritte auf dem Weg der Vorbereitung besonders wichtig sind.

Die Wettbewerbsthemen werden bei Jugend debattiert mindestens 10 Tage im Voraus bekanntgegeben.

Was möchte ich genauer wissen?

Wenn du dich auf eine Debatte vorbereitest, kennst du am Anfang häufig nur das als Frage formulierte Thema. Alle anderen Informationen musst du dir selbst beschaffen. Wenn man gezielt nach Informationen sucht, spricht man auch von ‚Recherche'. Das bedeutet, dass du wie ein Journalist oder eine Wissenschaftlerin nach den Informationen suchen musst, die für dein Thema wichtig sind.

Auch wenn das Thema für dich neu ist, musst du nicht bei Null anfangen. Alle Debattenthemen haben mit der Welt zu tun, in der wir leben. Vieles von dem, was für das Thema wichtig ist, weißt du schon. Du musst dein Wissen und deine Interessen nur mit dem Thema verbinden.

Ein erster Schritt dazu besteht darin, dass du dich gemeinsam mit deinen Mitschülern fragst, was ihr gern genauer wissen möchtet. Wo ihr diese Information findet, spielt zu diesem Zeitpunkt keine Rolle. Ihr sammelt einfach alle Aspekte, die euch interessieren.

Ein guter Satzanfang für diesen Schritt ist: „Mich interessiert: ... ". Sucht euch ein Thema von der Themenliste (S. 5) aus und notiert, was euch an diesem Thema interessiert.

Soll / Sollen ....

Mich interessiert: ....

....

Mich interessiert: ....

....

Mich interessiert: ....

....

Mich interessiert: ....

....

Überschriften finden

Wenn du gemeinsam mit deinen Mitschülern nach interessanten Aspekten suchst, kommen in kurzer Zeit viele unterschiedliche Punkte zusammen. Im nächsten Schritt könnt ihr nun versuchen, diese Punkte zu ordnen. Dazu formuliert ihr allgemeine Überschriften, unter die sich mehrere Aspekte bringen lassen.

Oft genügt ein Blick auf die Formulierung des Themas, um gute Überschriften zu finden. Wenn die Frage lautet: „Sollen in der Schule regelmäßige Drogenkontrollen stattfinden?“, dann haben viele Aspekte mit dem Thema Drogen zu tun, viele Aspekte beziehen sich auf die Art der Kontrollen und viele Aspekte betreffen die Schule. ‚Drogen‘, ‚Kontrollen‘ und ‚Schule‘ sind für dieses Thema gute Überschriften, mit denen man die interessanten Aspekte ordnen kann.

Begrifflichkeit und Hintergründe

Das Thema einer Debatte nennt man auch ‚Streitfrage‘. Der Wortlaut der Streitfrage ist der beste Ausgangspunkt für die Vorbereitung auf ein Thema. Jeder Begriff, der in der Streitfrage vorkommt, hilft dir, das Thema sprachlich und sachlich zu erschließen. Nehmt die Frage, die ihr eben ausgewählt habt, noch einmal unter die Lupe. Welche Begriffe kommen darin vor? Schreibt die wichtigsten Begriffe unter die Frage und erklärt, was sie bedeuten.

Soll / Sollen ....

‚..................................‘ bedeutet: ....

....

‚..................................‘ bedeutet: ....

....

‚..................................‘ bedeutet: ....

....

Die Frage, was ein Begriff bedeutet, kannst du auf unterschiedliche Weise beantworten. Du kannst erstens erklären, was das Wort bedeutet. Die Bedeutung eines Wortes kannst du im Wörterbuch oder im Lexikon nachschlagen. Zweitens kannst du erklären, wie der Begriff in der Streitfrage zu verstehen ist. Diese Erklärung findest du nicht im Wörterbuch oder im Lexikon, sondern musst sie dir selbst überlegen. Dabei hilft es, wenn du dir W-Fragen (‚wer‘, ‚was‘, ‚wie‘ ...) stellst, in denen der Begriff vorkommt.

Wenn die Streitfrage zum Beispiel lautet: „Sollen alle Schüler in der Schule ein kostenloses Mittagessen bekommen?“, dann kannst du dich fragen, was hier ‚Mittagessen‘ bedeutet. Im Wörterbuch findest du etwa folgende Erklärung: „eine zur Mittagszeit gereichte warme Mahlzeit“. Für die Debatte ist es darüber hinaus aber auch wichtig zu wissen, wer das Essen zubereitet, wo und wann es ausgegeben wird, welche Gerichte angeboten werden und ob man zwischen verschiedenen Gerichten wählen kann. Auf diese Fragen gibt es keine richtige oder falsche Antwort, sondern nur mehr oder weniger sinnvolle Vorschläge. Wenn du ein Thema vorbereitest, solltest du versuchen, die Begrifflichkeit in beiden Hinsichten zu klären. Dabei helfen die Fragen: Was bedeuten die Wörter? Wie könnte ein sinnvoller Vorschlag aussehen?

ÜBUNG

Gründe finden

Wenn geklärt ist, worum es in der Streitfrage geht, ergeben sich Fragen zu den Hintergründen des Themas: Wie ist es bisher geregelt? Warum ist es jetzt umstritten? Warum ist das Thema wichtig? Diese Voraussetzungen kannst du klären, bevor du zu einem Thema Position beziehst.

Für die Vorbereitung eines neuen Themas solltest du dir mindestens 3 Stunden Zeit nehmen.

Warum debattieren wir über dieses Thema?

Manche Debattenthemen klingen zuerst etwas überraschend. Zum Beispiel: „Soll Organentnahme nur bei Widerspruch ausgeschlossen sein?" Was heißt ‚Organentnahme'? Was bedeutet ‚nur bei Widerspruch ausgeschlossen sein'? Und: Warum debattieren wir über dieses Thema?

Die Frage, warum wir über ein Thema debattieren, ist berechtigt und sinnvoll. Sie hilft dir, das Thema besser zu verstehen und nach den richtigen Informationen zu suchen. Zuerst musst du klären, was die in der Streitfrage enthaltenen Begriffe bedeuten. Zum Beispiel bedeutet ‚Organentnahme': das Heraustrennen von Organen wie Nieren, Herz, Leber oder Lunge aus dem Körper eines gerade verstorbenen Menschen. Organe werden entnommen, um sie einem anderen Menschen als ‚Organspende' einzusetzen und damit dessen Leben zu retten. Dass dies ‚nur bei Widerspruch ausgeschlossen sein' soll, heißt hier, dass jedem Menschen, der sich nicht ausdrücklich dagegen ausgesprochen hat, Organe entnommen werden dürfen. Wenn du geklärt hast, worum es geht, kannst du dich fragen, warum wir über diesen Vorschlag sprechen und warum er umstritten ist.

Die gegenwärtige Regelung

In einer Debatte geht es darum, ob etwas verändert oder neu geregelt werden soll. Worin die Veränderung genau besteht, kannst du besser erkennen, wenn du herausfindest, wie es im Moment geregelt ist. Regeln sind meistens schriftlich festgehalten und können von jedem nachgelesen werden. Viele Regeln, die die Schule betreffen, findest du zum Beispiel in der Schulordnung oder im Schulgesetz. Auch wenn du den genauen Wortlaut des Regelungstextes noch nicht kennst, weißt du in vielen Fällen schon, wie es geregelt ist. Zum Beispiel beginnt der Unterricht schon um 8 Uhr und nicht erst um 9 Uhr. Schüler sprechen ihre Lehrer mit dem Nachnamen an. Man muss für das Schulessen etwas bezahlen. Niemand muss in der Schule eine Uniform tragen. All diese Dinge könnten auch anders geregelt werden. Je besser du die gegenwärtige Regelung kennst, desto genauer kannst du einen Veränderungsvorschlag formulieren und bewerten.

Warum debattieren wir jetzt darüber?

Eine Debatte entsteht oft aus einem aktuellen Anlass. Wenn ihr euch jeden Morgen darüber ärgert, wie schmutzig das Schulgebäude ist, kann daraus eine Debatte zur Frage ‚Sollen Schüler ihre Schule selbst putzen?' entstehen. Und wenn sich in einem Kernkraftwerk in Japan ein Unfall ereignet, ist das auch in Europa ein Anlass, über den Ausstieg aus der Kernenergie zu debattieren. Bei der Vorbereitung auf eine Debatte solltest du überlegen, welche aktuellen Beobachtungen, Entwicklungen und Ereignisse dazu Anlass geben, über dieses Thema zu debattieren.

Warum ist das Thema wichtig?

Manche Streitfragen scheinen nur kleine Veränderungen zu betreffen. Ob es so oder anders geregelt wird, scheint nicht so wichtig zu sein. Diesen Eindruck kannst du mit folgendem Experiment überprüfen: Sieh dir alle Themen von der Liste (S. 5) der Reihe nach an und stelle dir vor, alle Vorschläge wären umgesetzt worden: Im Klassenraum hängen neue Poster, der Unterricht beginnt um 9 Uhr, alle Schüler tragen einheitliche Kleidung und putzen regelmäßig selbst die Schule ... Die Welt um dich herum hätte sich stark verändert. Würdest du lieber in dieser Welt leben? Glaubst du, dass die Situation sich für alle verbessern würde? Oder befürchtest du, dass es nicht lang gutgehen wird? Was würde dich besonders stören?

Jede Veränderung hat Auswirkungen auf viele Bereiche unseres Lebens und auf das Leben anderer Menschen. Dabei stehen sich oft unterschiedliche Interessen und Werte gegenüber, und wir müssen uns fragen, was uns wichtiger ist. Wenn du dich mit einem Thema beschäftigst, kannst du dir diese Fragen während der Vorbereitung stellen: Zwischen welchen Interessen und Werten muss man hier abwägen? Wer hat Vorteile, wer hat Nachteile? Was bedeutet das für uns und unser Selbstverständnis?

Ein Thema von beiden Seiten betrachten

Während du dich auf eine Debatte vorbereitest, weißt du oft noch nicht, ob du auf der Pro- oder auf der Contra-Seite debattieren wirst. Während der Vorbereitung kommt es oft vor, dass man zwischen beiden Seiten schwankt und die Stärken und Schwächen beider Positionen sieht. Wenn du weißt: „Das spricht dafür, und das spricht dagegen", dann kannst du in einer Debatte jede der beiden Seiten vertreten.

Oft liegen die Gründe, die für einen Vorschlag sprechen, und die Gründe, die gegen ihn sprechen, nicht auf derselben Ebene. In der folgenden Übung kannst du versuchen, zu einem Grund einen genau passenden Gegengrund zu finden. Dazu notierst du zuerst die Streitfrage und schreibst dann einen Grund auf, der dafür oder dagegen spricht. In der anderen Spalte trägst du auf derselben Höhe einen Grund ein, der denselben Aspekt betrifft.

Soll / Sollen ....

Dafür spricht :	Dagegen spricht: ....
....	....
....	....
....	....
Dafür spricht :	Dagegen spricht: ....
....	....
....	....
....	....

ANWENDUNG

Die Schritte der Vorbereitung

Worauf kommt es besonders an?

In diesem Kapitel hast du dich mit unterschiedlichen Möglichkeiten beschäftigt, dich auf eine Debatte vorzubereiten. Zuerst hast du dir überlegt, was du gern genauer wissen möchtest, und deine Fragen gesammelt. Im zweiten Schritt hast du die Fragen, die zusammengehören, unter Überschriften gebracht. Dann hast du Antworten eingeholt. Was bedeuten die Begriffe, die in der Streitfrage verwendet werden? Worin besteht die gegenwärtige Regelung? Warum reden wir jetzt über dieses Thema? Warum ist dieses Thema wichtig? Diese Fragen kannst du dir stellen, bevor du dich auf eine Position festgelegt hast.

Vielleicht hast du dich darüber gewundert, dass die Gründe, die für oder gegen die Maßnahme sprechen, erst im letzten Schritt betrachtet wurden. Sind die Gründe nicht das Wichtigste? Sollte man nicht mit ihnen beginnen?

Voraussetzungen klären

Betrachten wir als Beispiel die Streitfrage: „Sollen weiche Drogen legalisiert werden?“. Zu dieser Frage haben die meisten Menschen eine feste Meinung. Die eine Gruppe findet, dass Drogen gefährlich sind und weiterhin verboten sein sollen, die andere Gruppe findet, dass ein Verbot zu weit geht und jeder selbst entscheiden soll, ob er Drogen nehmen möchte oder nicht. Wenn Vertreter dieser beiden Lager ohne weitere Klärung miteinander diskutieren, entsteht schnell eine Situation, in der beide ihre Positionen nur noch wiederholen, manchmal sogar in wachsender Lautstärke.

Der unerfreuliche Verlauf solcher Streitgespräche hat oft damit zu tun, dass beide Seiten von unterschiedlichen Voraussetzungen ausgehen und sich nicht die Zeit nehmen, sich über diese Voraussetzungen zu verständigen. So kann das Wort ‚legalisieren‘ aus unserem Beispiel ganz unterschiedlich verstanden werden. Die Grundbedeutung ist, dass ein Gesetz regelt, in welcher Form etwas erlaubt ist. Obst, Schokolade, Alkohol oder Medikamente – alle diese Stoffe sind gesetzlich erlaubt, aber auf ganz verschiedene Weise. Wenn sich die eine Seite unter ‚Legalisierung‘ vorstellt, dass man Drogen in jedem Supermarkt kaufen kann, und die andere Seite an eine kontrollierte Abgabe unter ärztlicher Aufsicht denkt, gehen sie von unterschiedlichen Voraussetzungen aus.

Gründe und Streitpunkte

Wenn ihr in einer Debatte das Gefühl bekommt, aneinander vorbeizureden, könnt ihr viele Missverständnisse aufklären oder einordnen, indem ihr noch einmal auf den Wortlaut der Streitfrage schaut und euch überlegt, was genau verändert werden soll und warum. Worum geht es? Was genau ist das Problem? Vor diesem Hintergrund erhalten die Gründe und Gegengründe erst ihr Gewicht und lassen sich auf die entscheidenden Streitpunkte beziehen.

Diese Vorgehensweise lässt sich auch auf andere Situationen übertragen, in denen unterschiedliche Meinungen aufeinandertreffen. Fragt nach, wie eure Gesprächspartner wichtige Begriffe verstehen. Verständigt euch darüber, wie ihr die gegenwärtige Situation einschätzt. Klärt, warum ihr jetzt über das Thema sprecht und warum es euch wichtig ist. Auf diese Weise werdet ihr viele Gemeinsamkeiten entdecken und genauer erkennen, welche Punkte ihr unterschiedlich seht und warum ihr sie unterschiedlich seht.

g: "Wir ha rüber debattiert
d: "Entsch ist ... "
Des "

DEBATTIEREN TRAINIEREN

Die Regeln der Debatte

Für Debatten bei Jugend debattiert gelten weltweit dieselben Regeln. Den offiziellen Regeltext kannst du hier nachlesen. In einer Debatte vor Publikum und im Wettbewerb werden die Redezeiten von einem Zeitwächter mit der Glocke angezeigt.

Eröffnungsrunde: 4 x 2 Minuten
Freie Aussprache: 12 Minuten
Schlussrunde: 4 x 1 Minute

Klingelzeichen
Eröffnungsrunde: 1:45, 2:00
Freie Aussprache: 11:45, 12:00
Schlussrunde: 0:45, 1:00

1. **[Thema]** Debattiert werden aktuelle politische Streitfragen. Jede Frage ist so zu stellen, dass sie nach einer konkreten Maßnahme fragt und nur mit ‚Ja' oder ‚Nein' beantwortet werden kann.

2. **[Teilnehmer]** Debattiert wird zu jeweils vier Personen. Zwei sprechen sich für, zwei gegen das Gefragte aus. Einen Gesprächsleiter gibt es nicht.

3. **[Ablauf]** Die Debatte gliedert sich in drei Teile: Eröffnungsrunde, Freie Aussprache und Schlussrunde. In der Eröffnungsrunde beantwortet jeder Teilnehmer die Streitfrage aus seiner Sicht. Dann wird die Aussprache in freiem Wechsel fortgesetzt. Nach Ende der Freien Aussprache beantwortet jeder Teilnehmer die Streitfrage im Lichte der geführten Debatte ein zweites Mal (Schlussrunde).

4. **[Reihenfolge der Redner]** In der Eröffnungsrunde beginnt, wer die Änderung des bestehenden Zustands wünscht. Dann wechseln Rede und Gegenrede einander ab. In der Schlussrunde sprechen die Teilnehmer in gleicher Reihenfolge wie in der Eröffnungsrunde. Dabei steht es jedem frei, seine Position gegenüber der Eröffnungsrunde zu verändern.

5. **[Schlussrunde]** In der Schlussrunde sollen nur Gründe vorgetragen werden, die bereits in der Eröffnungsrunde oder in der Freien Aussprache genannt worden sind.

6. **[Begrenzung der Redezeit]** In der Eröffnungsrunde darf jeder Teilnehmer ohne Unterbrechung zwei Minuten sprechen. Die Freie Aussprache dauert insgesamt zwölf Minuten. In der Schlussrunde ist die Redezeit jedes Teilnehmers auf eine Minute begrenzt.

7. **[Zeitwächter]** Über die Einhaltung der Redezeiten wacht ein Zeitwächter. Fünfzehn Sekunden vor Ablauf einer Redezeit wird ihr nahes Ende durch einmaliges Klingelzeichen angezeigt. Das Überschreiten der Redezeit wird durch zweimaliges Klingelzeichen angezeigt und anschließend durch dauerndes Klingelzeichen unterbunden.

Das ist der offizielle Regeltext. Er ist in einer sehr präzisen Sprache formuliert. Wie würdest du die Regeln mit deinen eigenen Worten erklären? Im Folgenden findest du einen Vorschlag.

(1.) **[Thema]** Eine Debatte ist ein Gespräch. Das Thema der Debatte ist eine Entscheidungs-Frage, zum Beispiel: „Soll jeder Schultag mit einer Sportstunde beginnen?“. Diese Frage kann man mit ‚Ja‘ oder ‚Nein‘ beantworten. Wer sie mit ‚Ja‘ beantwortet, möchte etwas verändern. Diese Veränderung betrifft viele Menschen und man kann sich darüber streiten. Man nennt die Frage daher auch eine ‚politische Streitfrage‘. In einer Debatte muss klar sein, was genau verändert werden soll. Wenn man sagen kann, dass etwas Bestimmtes zu einem bestimmten Zeitpunkt passieren soll, dann spricht man von einer ‚konkreten Maßnahme‘.

(2.) **[Teilnehmer]** An einer Debatte beteiligen sich bei Jugend debattiert immer vier Personen. Zwei Debattanten stehen auf der Pro-Seite, zwei Debattanten stehen auf der Contra-Seite. Außer den vier Debattanten beteiligt sich keine weitere Person am Gespräch (kein Moderator, kein Gesprächsleiter).

(3.) **[Ablauf]** Die Debatte hat drei Teile:

Eröffnungsrunde,
Freie Aussprache und
Schlussrunde.

In der Eröffnungsrunde hält jeder Debattant eine kurze Rede. Diese Rede heißt auch ‚Eröffnungsrede‘. In der Eröffnungsrede sagt er, ob er auf der Pro-Seite oder auf der Contra-Seite steht, und er sagt, warum er diese Position vertritt.

In der Freien Aussprache kann jeder Debattant mehrmals sprechen. Die Reihenfolge ist nicht festgelegt.

In der Schlussrunde hält jeder Teilnehmer noch einmal eine kurze Rede und sagt, wie er nun über das Thema denkt. Diese Rede heißt auch ‚Schlussrede‘.

(4.) **[Reihenfolge der Redner]** Die Reihenfolge in der Eröffnungsrunde ist: Pro 1, Contra 1, Pro 2, Contra 2. (Die Debattanten auf der Pro-Seite wollen etwas ändern. Sie sind daher zuerst an der Reihe.)

Die Reihenfolge in der Schlussrunde ist ebenfalls: Pro 1, Contra 1, Pro 2, Contra 2.
Es ist erlaubt, seine Position in der Schlussrunde zu ändern, vor allem ihre Beschreibung und Begründung. (Ein Wechsel von Pro zu Contra oder von Contra zu Pro kommt dagegen nur ausnahmsweise in Betracht.)

(5.) **[Schlussrunde]** In der Schlussrunde dürfen keine neuen Gründe genannt werden. Die Redner dürfen in der Schlussrunde nur Gründe nennen, die sie selbst oder die anderen Debattanten in der Eröffnungsrunde oder in der Freien Aussprache schon genannt haben.

(6.) **[Begrenzung der Redezeit]** In der Eröffnungsrunde darf jeder Redner zwei Minuten sprechen. Wenn ein Redner spricht, dürfen die anderen ihn nicht unterbrechen. Es ist erlaubt, kürzer als zwei Minuten zu sprechen.

Die Freie Aussprache dauert zwölf Minuten. Wie lang jeder Einzelne sprechen darf, ist nicht festgelegt.

In der Schlussrunde darf jeder Redner eine Minute (oder kürzer) sprechen.

(7.) **[Zeitwächter]** Der ‚Zeitwächter‘ achtet darauf, dass die Debattanten nicht länger sprechen, als sie dürfen. Er verwendet eine Glocke und gibt Klingelzeichen. Es gibt folgende Klingelzeichen:

1 x Klingeln: die Redezeit ist in 15 Sekunden zu Ende,
2 x Klingeln: die Redezeit ist jetzt zu Ende,
Dauerklingeln: die Redezeit ist um mehr als 15 Sekunden überschritten.

ÜBUNG

Beobachtung und Mitschrift

In diesem Abschnitt lernst du, wie du eine Debatte beobachtest und eine ‚Debatten-mitschrift' anlegst. Dabei trainierst du, eine Debatte inhaltlich zu verfolgen und auszuwerten, wie die Debattanten die Streitfrage entfalten und ihre Antworten begründen.

Trainingsdebatte: 18 Minuten
Wettbewerbsdebatte: 24 Minuten

Debattieren trainieren

Die Regeln der Debatte, die du auf den vorigen Seiten kennengelernt hast, dienen dazu, allen Rednern und Rednerinnen dieselben Chancen zu eröffnen. Nach den Regeln von Jugend debattiert könnt ihr mit euren Mitschülern oder mit Schülerinnen und Schülern anderer Klassen, anderer Jahrgangsstufen oder anderer Schulen debattieren. Ablauf und Redezeiten sind allen Beteiligten vertraut. Wenn sich alle inhaltlich auf die Themen vorbereitet haben, muss vor Beginn der Debatte nur noch festgelegt werden, wer welche Position übernimmt, und schon kann es losgehen.

Debattieren kann man trainieren. Jede Debatte, die du selbst führst, und auch jede Debatte, die du als Beobachter verfolgst, trägt dazu bei, dass du besser verstehst, worauf es beim Debattieren ankommt. Als Beobachter kannst du üben, genau zuzuhören und Gedanken schnell auf den Punkt zu bringen, indem du während der Debatte eine Mitschrift anfertigst. Diese Mitschrift ist nach der Debatte eine gute Grundlage für die Auswertung der Debatte.

Mitschrift

Eine Mitschrift soll den Verlauf einer Debatte so festhalten, dass man später nachvollziehen kann, welche Punkte wann und von wem eingebracht wurden. Dazu kannst du den Mitschriftbogen auf der rechten Seite dieses Hefts verwenden oder dir selbst einen solchen Bogen aus einem Blatt Papier falten. Das Thema der Debatte notierst du oben, die Namen der Debattantinnen und Debattanten darunter, über den jeweiligen Spalten.

Wie du deine Mitschrift anlegst, ist dir freigestellt. Es hat sich bewährt, zu jedem Beitrag zumindest ein Stichwort aufzuschreiben und die Notizen fortlaufend zu nummerieren. Dann kannst du später erkennen, wer sich auf wen bezogen hat. Hilfreich ist es, auf die Struktur der Reden, auf Ankündigungen und Gliederungswörter zu achten und mit ihrer Hilfe zu verfolgen, ob ein Beitrag einlöst, was er behauptet oder verspricht. Zusätzlich bieten sich Pfeile für Bezugnahmen und Hervorhebungen durch kleine Symbole an. Entscheidend ist, dass die Mitschrift erkennen lässt, wie die Debattanten die Streitfrage entfaltet und ihre Antworten begründet haben.

Auswertung

Im Anschluss kannst du Eröffnungsrede, Freie Aussprache und Schlussrunde gemeinsam mit den Debattanten auf der Grundlage deiner Mitschrift auswerten. Wenn mehrere Beobachter eine Mitschrift angelegt haben, könnt ihr euch darüber austauschen, ob ihr die Debatte ähnlich wahrgenommen habt. Dabei könnt ihr euch fragen:

Welche Positionen haben die Redner vertreten? Wie haben die Redner ihre Positionen begründet?

Mitschriftbogen

Soll / Sollen ....

Pro 1	Pro 2	Contra 1	Contra 2

ÜBUNG

Rückmeldung

Eine genaue Nachbereitung gehört zum Debattieren ebenso dazu wie eine gründliche Vorbereitung. In diesem Abschnitt lernst du, nach welchen Kriterien du die Leistung eines Debattanten beurteilen kannst und wie du deinen Mitschülern eine Rückmeldung gibst.

Im Wettbewerb haben die Juroren 15 Minuten Zeit, sich zu beraten. Eine Rückmeldung sollte nicht länger als 1 Minute sein.

Wann wird gut debattiert?

Eine Debatte dient dazu, ein Thema von beiden Seiten zu betrachten und genauer zu verstehen, zwischen welchen Möglichkeiten man sich entscheiden muss. Gute Debatten sind lehrreich, unterhaltsam und spannend. Zum Gelingen einer Debatte tragen alle vier Debattanten gemeinsam bei.

Ein gute Debatte ist eine Teamleistung, zu der jeder und jede Einzelne einen Beitrag leistet. Die Stärken jeder Debattantin und jedes Debattanten kann man in vier Bereichen sehen: Sachkenntnis, Ausdrucksvermögen, Gesprächsfähigkeit und Überzeugungskraft. Man spricht auch von den vier ‚Kriterien', nach denen Leistungen beurteilt werden.

Wenn ihr das Debattieren gemeinsam trainiert, könnt ihr diese vier Kriterien verwenden, um euch gegenseitig Rückmeldungen zu geben. Die folgende Übersicht nennt zu jedem Kriterium einige Stichpunkte. Wenn dir etwas fehlt, kannst du die Liste noch ergänzen.

Sachkenntnis

- genaue Bestimmung der Maßnahme
- Kenntnis der bisherigen Regelung
- klare Unterscheidungen
- aktuelle Angaben
- treffende Beispiele
- ....

Ausdrucksvermögen

- passende Wortwahl
- einprägsame Formulierungen
- lebendige Redeweise
- deutliche Aussprache
- verständliche Sätze
- ....

Gesprächsfähigkeit

- aufmerksam zuhören
- ausreden lassen
- genaue Bezugnahme
- Einwände aufgreifen
- kurze Beiträge
- ....

Überzeugungskraft

- gut aufgebaute Reden
- Begründung der Position
- Gewichtung der Gründe
- Fairness und Respekt
- entschiedenes Auftreten
- ....

Trainingsdebatte

Für eine Trainingsdebatte eignen sich Themen, die ihr schon in anderen Übungen bearbeitet habt. Am besten wählt ihr ein Thema aus, das ihr inhaltlich schon vorbereitet habt. Alle Zuschauer haben die Aufgabe, die Debatte genau zu beobachten. Vier Zuschauer haben die Aufgabe, sich jeweils besonders auf eine Debattantin oder einen Debattanten zu konzentrieren. Nach der Trainingsdebatte geben sie ihr oder ihm eine persönliche Rückmeldung.

Für die Trainingsdebatte können die Redezeiten verkürzt werden (Eröffnungsrede: 1,5 Minuten, Freie Aussprache: 8 Minuten, Schlussrede: 1 Minute). Ein Mitschüler übernimmt die Aufgabe des Zeitwächters.

Rückmeldung

Nach der Debatte haben die Beobachter einige Minuten Zeit, ihre Rückmeldung vorzubereiten. Wenn du einem Mitschüler eine Rückmeldung gibst, sprichst du ihn am besten direkt und mit dem Namen an. Am Ende der Rückmeldung kannst du ihm für seinen Beitrag zur Debatte danken. Zwischen dieser Einleitung und dem abschließenden Dank sollten drei Punkte angesprochen werden:

- Welche Position hast du vertreten? Wie hast du sie begründet?
- Welche Stärken sind mir aufgefallen? Welchem Kriterium ordne ich sie zu?
- Wie könntest du dich noch verbessern?

Wenn du deine Rückmeldung schriftlich vorbereitest, kannst du den Namen der Debattantin oder des Debattanten, zu dem du sprichst, in die erste und die letzte Zeile eintragen. Achte darauf, dass du die Verbesserungsmöglichkeit als konkreten Tipp formulierst.

...., ich gebe dir eine Rückmeldung.

Du hast die Position vertreten, dass ....

Du hast deine Position damit begründet, dass ....

....

Mir hat gefallen, ...

....

Damit hast du .... unter Beweis gestellt.

Du könntest dich noch verbessern, indem du ....

....

Vielen Dank, ..., für deinen Beitrag zur Debatte.

Mitschrift und Rückmeldung

Unten siehst du, wie eine Mitschrift zur Freien Aussprache einer Trainingsdebatte aussehen könnte. Die Notizen sind durchnummeriert. Wenn du sie dir der Reihe nach ansiehst, kannst du dir ungefähr vorstellen, wir dieser Teil der Debatte verlaufen ist. Die Streitfrage lautet: „Sollen in der Schule regelmäßig Drogenkontrollen stattfinden?“ Auf der rechten Seite findest du zwei Beispiele für Rückmeldungen.

Pro 1	**Pro 2**	**Contra 1**	**Contra 2**
(1) Probleme sofort erkennen			
		(2) Kontrollen teuer	
	(3) nur Stichproben		
			(4) rechtliches Problem
	(5) Verankerung in der Schulordnung		
(6) in vielen Schulen schon eingeführt			
			(7) wenige, nur Privatschulen
(8) Vergleich: Verkehrskontrollen			
		(9) Stichproben nicht aussagekräftig	
	(10) abschreckende Wirkung		
			(11) Atmosphäre von Angst und Misstrauen
(12) Sanktionen sind notwendig			
		(13) Schulverweis zu harte Strafe	
(14) Schulverweis nur als letztes Mittel			
			(15) Prävention viel wichtiger
	(16) schon jetzt Dauerthema im Unterricht		
		(17) zu theoretisch, mit Betroffenen reden	
(18) Betroffene durch Kontrollen ermitteln			
			(19) Kontrollen stellen alle unter Verdacht
	(20) Schule muss deutliches Zeichen setzen		
		(21) lieber positives Leitbild formulieren	

Rückmeldung zu Pro 1

Luana, ich gebe dir eine Rückmeldung.

Du hast die Position vertreten, dass in der Schule regelmäßig Drogenkontrollen stattfinden sollen.

Du hast deine Position damit begründet, dass man dann früher erkennen kann, wenn jemand Drogenprobleme hat, und dass man ihr oder ihm schneller und besser helfen kann.

Mir hat gefallen, wie du mit den Einwänden der Contra-Seite umgegangen bist. Du hast die Sorge, eine Atmosphäre von Angst und Misstrauen entstehen könnte, ernst genommen und erklärt, dass ein Schulverweis nur das letzte Mittel sein soll. Damit hast du Gesprächsfähigkeit unter Beweis gestellt.

Du könntest dich noch verbessern, indem du in deiner Schlussrede deutlicher hervorhebst, welcher Grund für dich entscheidend ist.

Vielen Dank, Luana, für deinen Beitrag zur Debatte.

Rückmeldung zu Contra 1

Selma, du hast dich gegen den Vorschlag ausgesprochen, in der Schule regelmäßig Drogenkontrollen durchzuführen.

In deiner Eröffnungsrede hast du das damit begründet, dass die Kontrollen mit großem finanziellen und organisatorischen Aufwand verbunden sind, aber keine verlässlichen Ergebnisse bringen.

Eine deiner Stärken hat sich in der Schlussrede besonders deutlich gezeigt. Es war beeindruckend, wie entschieden du deinen Standpunkt vertreten hast. Du hast noch einmal deutlich herausgearbeitet, dass solche Kontrollen die Atmosphäre in der Schule vergiften und dass dir dieser Preis zu hoch ist. Deine Rede war gut aufgebaut und hat den wichtigsten Grund mit viel Überzeugungskraft herausgestellt.

Mir ist in der Freien Aussprache aufgefallen, dass deine Beiträge relativ lang waren. Du könntest dich noch verbessern, indem du dich auf einen Punkt pro Beitrag beschränkst. Dann ist es für die Mitdebattanten leichter, deine Gedanken weiterzuführen und sich mit ihnen auseinanderzusetzen.

Danke für deinen Beitrag, Selma!

AUSBLICK

Debattieren, Mitreden, Mitentscheiden

Nach der Debatte ist vor der Debatte

Glückwunsch! In den sechs Kapiteln dieses Arbeitshefts hast du dich gründlich mit dem Debattieren befasst. Du hast gelernt, was eine Debatte ist und worauf es beim Debattieren ankommt. Du kannst zu einer Streitfrage Position beziehen, Vorschläge einbringen und die Vorschläge anderer prüfen. Du weißt, wie man aufmerksam zuhört, erfasst schnell, worum es geht, und behältst den Überblick.

Die Fähigkeit, über kontroverse Themen zu debattieren, macht dich stark. Du wirst sicherer in deinem Auftreten und traust dich, auch öffentlich deine Meinung zu sagen. Für das Debattieren gilt wie für den Sport: Am besten ist es, wenn man immer im Training bleibt. Darum möchten wir dir am Ende dieses Hefts einige Möglichkeiten nennen, dein neu erworbenes Können gewinnbringend einzusetzen.

Mitspielen

Viele Schulen nehmen offiziell an Jugend debattiert teil und veranstalten Wettbewerbe im Debattieren. Wenn eure Schule eine solche Jugend debattiert-Schule ist, solltest du die Chance nutzen, deine Kräfte mit anderen Schülern deiner Altersgruppe zu messen. Die besten Debattanten eurer Schule können auf Regional-, Landes- und Bundesebene, und sogar international am Wettbewerb teilnehmen. Wenn du erfahren möchtest, wie der Wettbewerb aufgebaut ist, findest du unter www.jugend-debattiert.de und www.jugend-debattiert.eu weitere Informationen.

Mitreden

Wenn du dich zu den Themen, die dich betreffen, äußern und an Entscheidungen mitwirken willst, hast du viele Möglichkeiten dazu. Du kannst Themen im Klassenrat zur Sprache bringen oder in der Schülervertretung daran mitarbeiten, dass neue Ideen entwickelt und umgesetzt werden. In vielen Städten und Gemeinden gibt es bereits Jugendparlamente oder Jugendgemeinderäte, die sich besonders mit den Fragen befassen, die die Interessen von Jugendlichen berühren. Wenn du zum Beispiel findest, dass es zu wenige Sport- oder Freizeiteinrichtungen in deiner Umgebung gibt, oder wenn du dafür sorgen willst, dass die Schulen besser ausgestattet werden oder mehr für Gewalt- und Suchtprävention getan wird, kannst du dich hier beteiligen. Auch Vereine, Bürgerinitiativen und die Jugendorganisationen der politischen Parteien werden sich über deine Mitarbeit freuen. Menschen, die gut debattieren können, werden immer gebraucht.

Mitentscheiden

Debatten dienen dazu, Entscheidungen über politische Streitfragen vorzubereiten. Politisch mitentscheiden darfst du auch, ohne selbst gewählt zu sein – nämlich bei allgemeinen Wahlen und Abstimmungen. In einer Demokratie sind alle Bürgerinnen und Bürger berechtigt, sich zu beteiligen. Dazu ist es wichtig, dass es Menschen gibt, die kritische Fragen stellen, ihre Meinung sagen und sich mit den Meinungen anderer auseinandersetzen. Einer dieser Menschen bist du. Wir hoffen, dass du von deinen eigenen Erfahrungen mit dem Debattieren profitierst, wenn du dich mit den politischen Fragen unserer Zeit beschäftigst, wenn du bei Wahlen und Abstimmungen deine Stimme abgibst oder dich selbst zur Wahl stellst.